鎌倉研究の未来

中世都市研究会編

山川出版社

鎌倉研究の未来・もくじ

第一部　報告

第二部　全体討論

本書は、二〇一三年九月七日・八日の両日にわたり、鎌倉女子大学において開催された中世都市研究会二〇一三鎌倉大会「鎌倉研究の未来」の研究発表の記録をもとに、新たに原稿を執筆していただいたものです。

第一部

報告

鎌倉研究の未来

五味　文彦

はじめに

今回の鎌倉での大会は世界遺産の登録を目指した鎌倉の今後の研究の展望を探ることを目的とするものである。鎌倉では今小路西遺跡の発掘が大きな契機となって本研究会が生まれ、その後、本日と同じ会場でも本研究会が開催されたが、そのかたわらで一九九〇年代に「城塞都市」という考え方によって遺産登録が目指されて、周囲の山や切通の調査が積み重ねられてきた。

神奈川県教育委員会・鎌倉市教育委員会・(財)かながわ考古財団編による『『古都鎌倉』をとりまく山稜部の調査』(二〇〇一年)や、鎌倉市教育委員会編『切通周辺詳細分布調査報告書』(二〇〇一年)はその重要な成果である。この結果、新たに鎌倉西部の山上の仏法寺跡での発掘が行われ、ここが稲村ヶ崎とともに鎌倉の重要な防御ラインであったこともわかった。

しかし、そうした作業や発掘によって鎌倉が城塞都市として位置づけられるようになったかというと、実はそうではなく、しだいに疑問視されてきた。確かに切通の周辺には防御施設はあったと考えられるが、それをもって鎌倉を城塞都市として評価できるかというと、いささか難しいからである。これを代表すると考えられてきた名越の大切岸も、発掘の結果によれば、鎌倉石の切り出しのための産業遺構としての性格が濃く、根からの防衛施設とはいえないとみられている。しかも現状の切通がそのまま中世にまで遡るものかどうかも明らかになっていない。

そして何よりも、果たして城塞都市というコンセプトが、鎌倉の文化や特色を捉えているのか、という大きな問題が浮上し、城塞都市では他の世界遺産との比較においても登録は難しいのでは、という現実的な読みが生まれつつあった。

そうしたところから見直しを図る必要が生まれ、私も世界遺産の登録の活動にかかわるようになったが、それは本研究会の代表であった石井・大三輪両氏との関係もあり、鎌倉市世界遺産検討委員会に委員を委嘱されたのである。その活動のなかで考えたことを若干述べ、原点に戻ってこれからの鎌倉研究が何を目指すべきかの材料にしてほしい。

一　鎌倉の文化を景観との関係で位置づける

鎌倉の文化の特質を探るためにはさまざまな方法が考えられる。歴史的変遷のなかに総合的に捉える方法や、政治・経済・社会などの分野ごとに捉える方法、また都市を構成する武士・職能民・僧などの身分や階層に注目して捉える方法など、すぐにも浮かんでくるのだが、そうした方法を視野にいれながらも、世界遺産というテーマについて考えるならば、景観に即して捉えるべきであろうと考えた。

世界遺産の登録の対象となるのは遺跡やモニュメントであるから、鎌倉の特徴をより明確に示すためにも、景観とのかかわりから捉えるべき、と考えたのである。これまで進められてきた城塞都市というコンセプトを継承するという面からも適当であろうと思った。そこで自然風土や景観の観点から鎌倉の文化を捉える作業を行うなか、次の七つの文化にまとめてみた。

① 山の文化を背景とした坂の文化
② 谷の文化
③ 丘の文化
④ 平地の文化

⑤　浜の文化
⑥　海の文化
⑦　周辺の地の文化

以上、七つの文化に鎌倉の文化景観を分類して、その特質を見極めてゆけば、世界遺産のコンセプトも明らかになるであろう。このうち①は、山の文化を背景とした坂の文化である。よく知られているように鎌倉は三方を山で囲まれており、そこに山に刻まれた文化が生まれている。山の高さは七〇〜一〇〇メートル程度であるが、三浦半島の地殻変動と氷河期にその基盤が造られたために急峻であり、周辺から鎌倉に入るには山を掘って道を造る必要があった。これが切通と称される坂であるが、なかには防御性を高めるために道幅が狭められたり、クランクやS字状に造られたりしていて、軍事・交通上の機能を果たしていたことは、元弘三年（一三三三）の鎌倉攻防戦をみればわかり、また城塞都市論の根拠ともされてきた。

しかしそれにとどまらず、切通は鎌倉の境界をなしていて都市鎌倉の都市構造に大きな特色をあたえており、鎌倉の都市形成と発展をよく物語るものとなっている。たとえば鎌倉の都市の整備が本格化した北条泰時の時代には、朝比奈切通と巨袋坂において新路の道路工事がなされているが、それとともに仮粧坂などには商業施設が生まれている。

他方、鎌倉に新仏教の布教が始まると、大仏切通と名越坂の近くには大仏殿や新善光寺が建てられるなど、浄土宗の布教の場となり、さらに建長年間（一二四九〜五六）になると、極楽寺坂と巨袋坂の近くに禅律の大寺院が建立され、それらが京と宋の文化を鎌倉に受け入れる器となったのである。

②の谷の文化であるが、鎌倉そのものが一つの大きな谷であり、そこからさらに枝谷が分かれている。鎌倉の都市の展開はこの谷地の開発とともにあったのであり、これは東国の武士の根拠地が各地の谷にあったこととも深く関係していて、その住まい方がもちこまれ、鎌倉武士の館や寺院が谷の各地に散在し、その拠点となったのである。

入部した源頼朝は亀谷の地が手狭なことから、御所を大倉谷に建て、やがてその南の谷に勝長寿院を建てて源氏の先祖の供養を行い、続いて奥州合戦が終わると、御所の北東の谷に合戦での戦没者を慰霊する永福寺を建立している。その発掘調査によれば、二階堂を中心に阿弥陀堂・薬師堂が横一列に並び、複廊・翼廊・中門・釣殿などで繋がった壮大な建物群があり、東側に池を配するという巨大な寺院であったことが明らかになり、現在、史跡の環境整備事業が行われている。

永福寺の建立後も、鎌倉武士の信仰に沿って、亀谷には寿福寺、御所ヶ谷には大慈寺と、谷に次々と寺が建てられていった。鎌倉が都市として急速に発展すると、その住民を対象にして浄土宗や日蓮宗なども盛んな布教を行い、谷々には浄土宗や日蓮宗の寺院が建てられた。なかでも鎌倉の西の深沢(現在の長谷)には阿弥陀の大仏が東国の人々への勧進によって造られ、多くの信仰を集め、建長四年（一二五二）に鋳造された大仏はその後に多少の修理はあったものの、鎌倉時代からの姿を今に伝え、露座の大仏として今に親しまれているが、近年の発掘調査により、大仏殿の所在などが確認された。

さらに谷の大規模な開発は十三世紀後半から始まった。大陸から石を切る新技術が導入され、禅宗を背景とした合理的な思考のもとに大規模な自然への関与がなされた結果、山を切り掘り、平地を造成することが促進されたのである。その代表が北条氏の創建になる建長寺や円覚寺などの禅宗寺院や、浄光明寺・覚園寺などの諸寺院である。

狭い谷を掘り、山を切って伽藍が造られたのであるが、その境内のあり方は当時の絵図等から明らかにされつつある。造成にあたって造られた切り岸や平場などの地形は今によく残され、遺構も良好に遺存している。たとえば瑞泉寺では、山を切り、岩盤を掘り抜いて造られた夢窓疎石の作とされる庭園が存在し、鎌倉独自の庭園遺構として注目されている。

谷には寺院だけではなく、武士の館も造られた。鎌倉の外郭の常盤には鎌倉時代の執権北条政村や連署塩田義政の別業とみられる北条氏常盤亭跡があるが、その発掘調査によって礎石建ちの建物が存在したことが確認されている。

こうして山を切り掘って造られた人工的地形のなかには「やぐら」と呼ばれる横穴式の墳墓堂が造られたが、これは中国から伝わった岩窟寺院が鎌倉で独自の発展を遂げたものと考えられている。鎌倉を中心に数千基は存在するが、なかでも建長寺境内にある彩色が施された朱垂木やぐら群や同じく彩色を施した彫像を安置する山ノ内の瓜ヶ谷やぐら群などは著名である。

③の丘の文化であるが、これは鎌倉の丘陵部に鎮座している社寺を中心とした文化である。まず鎌倉の中央北の台地上には、浜にあった若宮が勧請された。これが鶴岡八幡宮寺であるが、これは武家政権の成長とともに武士の都・鎌倉の中心に位置しており、神社であるとともに、寺院としての機能も有し、鶴岡八幡宮寺と称され、武士たちが流鏑馬や相撲などの芸能を奉仕して、祭礼を営むなど、鎌倉幕府と武士の精神的な支えとされ、鎌倉の地域的な統合とされた。浜から一直線に造られた若宮大路は人々の参詣の道であるとともに、神の通り道でもあった。

幕府御所の東の台地には北野天神を勧請した荏柄天神社が建てられたが、ここは鎌倉の武士が誓約したことに偽りのないことを祈る参籠の場とされた。現存する社殿は鶴岡八幡宮寺の若宮の社殿を移築したもので、十四世紀前半の建築物と考えられ、現存する鎌倉最古の建物とされている。このほかにも、鎌倉の西の台地には甘縄社や御霊社などの神社が建てられ、御家人や周辺住民の信仰を集めた。

他方で、丘陵部の東には杉本寺、西には長谷寺という観音信仰の寺院が建てられ、北には頼朝と北条義時の法華堂が建てられている。はるかなる山上の信仰としてではなく、視線の届く丘に信仰の対象が鎮座しているところに、鎌倉での民衆の信仰のあり方がよく伝わってくる。

④の平地の文化は鎌倉を都市として成長させた文化である。鎌倉には古代の大道である東海道が通っていた。今小路東遺跡からは天平の木簡が出土しており、鎌倉の郡家があったとみられている。頼朝は古代の大道を進軍して鎌倉に入ると、まず大倉に御所を建ててその周辺の道を整備している。街区の形成が進むなか、南北の若宮大路、東西の六浦道が整備され、その道に沿って、武士や僧の屋敷、住民の家が建てられ、都市としての発展をみることになったのである。

北条泰時は嘉禄元年（一二二五）に御所を若宮大路沿いに移転すると、鎌倉の都市の整備を全面的に行っている。行政的には、保という京都の行政組織を導入し、保奉行人が保を管轄単位として検断や土地の管理にあたった。京の土地の長さ・大きさにかかわる丈尺・戸主制を導入し、小町屋の免許地域の設定も行っている。この都市整備事業を経て、鎌倉は武家の都としての性格を一段と色濃くしていったが、さらに建長年間（一二四九〜五六）には首都としての整備事業がなされ、大きな改変が行われた。今後は鎌倉の都市の変遷を道と家の視点からさらに探ってゆく必要がある。

鎌倉は、後世に鎌倉が城下町として改造されなかったこともあって、そのまま長く地下に埋もれていたが、近年の発掘によって掘り起こされ、そこからは中世都市鎌倉の人々の生活の姿が明らかになりつつある。たとえば、鎌倉の西側の御成小学校の遺跡からは高級な武家屋敷、武士の平均的な屋敷、庶民の半地下式の家などが発掘されており、都市に生活する人々の生活が浮かび上がってきている。鎌倉そのものが地下の博物館であって、往時の情報を伝えてくれる。

⑤の浜の文化は鎌倉に大きな特徴を刻んだ文化である。鎌倉の南は海だが、その海辺には浜が存在しており、ここではさまざまな遊興が行われたかたわら、処刑や葬送の場となり、合戦場ともなっていた。いわば公共の広場の機能を有していたが、とくにここから発掘された集団墓地は、都市の住民と墓との関係を知るうえで、また中世の人々の他界観を知るうえでの多くの情報を伝えてくれる。

京都では同様の場として機能したのは賀茂川の河原であったが、鎌倉の滑川はその地形的な条件から河原は生まれず、代わりに海に面した浜がその機能を担うことになり、穢れを浄化する場としての機能も帯びた。浜は海の文化を背負っているから、河原とは違った信仰が認められ、海の文化と都市の文化の接点にあることを知っておく必要がある。

⑥の海の文化はさまざまな情報にかかわる文化である。海からは多様な文物・物資が入ってきた。東国の年貢物資を始め、京都からの文物や、大陸からも唐物と称される異国文化を帯びた物資や書籍が入ってきたので、そうした物資・文物を受け入れるための施設が整備された。今も石積みの跡が残る和賀江島はその港湾施設の一部で、勧進上人の往阿弥陀

仏が東国に勧進して築かれたものである。近くの浜辺からは今もしばしば唐物の陶磁器の破片を見つけることができるように、そこは大陸貿易の拠点でもあった。

海からは、物資のみならず、異なる情報や観念が入ってきた。大陸からは情報とともに人が次々にきて、鎌倉の文化は著しく国際性を帯び、国際都市化したが、同時に大陸への渡航に憧れる人々も増えた。早くには源実朝が大陸に渡ることを計画して由比ヶ浜に唐船の建造をしており、鎌倉後期になると禅宗を学ぶためにここから大陸に多くの僧たちが渡っていった。

⑦は鎌倉を支えた周辺の地の文化である。これも鎌倉の文化風土を理解するうえで欠かせない。鎌倉の東は鎌倉のもう一つの外港である六浦津が発展しており、その近くの金沢には北条氏の一門の別荘が設けられ、その菩提寺として称名寺が建てられたが、そこには金沢文庫と称される中世の図書館が設けられ、鎌倉の盛んな文化活動を物語っている。

鎌倉の西には風光明媚な聖地としての江ノ島があり、頼朝によって弁財天が祀られたが、その近くの片瀬浜では時宗の一遍が布教活動を展開してゆき、やがて境川に沿って遊行寺が建てられるなど、鎌倉の宗教文化の一端がこの周辺文化の様相からもよくうかがえる。さらに鎌倉の北には鎌倉と各地を結ぶ鎌倉道の遺構が残っており、鎌倉と各地との間の交通網のあり方を伝えてくれる。

二　鎌倉の独自性

こうして七点にわたって鎌倉の文化の特質と様相をみてきたところで、実はこれらの文化要素が有機的に結びついて一つの宇宙を形成しているところに、鎌倉の文化風土の大きな特徴があることが改めてわかってきた。

そこで求められるのが鎌倉の独自性の抽出である。この独自性は各研究分野においてどう捉え、それを今後の研究にどう生かしてゆくのか、この課題への答えを今回の報告者に期待したい。ここでは総合的な観点から次の四点にまとめてみた。

1　東国に成長してきた文化との関連

十一世紀頃から武士たちは東日本（東国）の各地に館を築き、そこを根拠地として成長してきた。十二世紀の前半にはそれらが出そろったが、十二世紀後半になると、館を中心とした社会が明確に姿をみせ、武士の家が成立してくる。武蔵の国の武士の成長はそのことをよく物語っており、真名本『曾我物語』は、彼ら東国の武士たちが交流するなかで、やがて京都から下ってきた軍事貴族の源頼朝を主人に仰いで政権を樹立する動きを描いている。

その時に政権の所在地として鎌倉は選ばれたのだが、その理由は、頼朝の曾曽祖父頼義が鎌倉の由比ヶ浜に若宮神を勧請し、父義朝が亀谷に館を構えていたという由緒や、北と東西の三方を山に囲まれ南が海に面している要害という自然環境にあったというが、その検証も改めて求められよう。

2　平泉の世界との関連

鎌倉の世界が成長する前に奥州では平泉の奥州世界が成長していた。義朝が亀谷に拠点を占めた時には既に奥州では都の文化と北方の文化を吸収して独自の文化を生み出していたのである。頼朝がすぐに上洛するのをためらったのは、東国の武士に引き留められたのが直接の理由であったにせよ、上洛した留守に奥州の世界が拡大し、東国がその傘下に入ることを警戒したからであり、奥州世界を征服してはじめて上洛することが可能になったのであり、またその遺産を継承して鎌倉の世界を拡大させていったことになる。

3　京の世界との関係

当初から鎌倉は武士の都として考えられていたわけではなかった。京都にあった朝廷に対抗するなかで自前の都を建設する方向へと進んでゆき、そのなかで武家の都として成長をみたのである。このことは鎌倉に頼朝が勧請した鶴岡八幡宮の変遷をみるとよくわかる。

当初は源氏の氏神にすぎなかったのだが、武家政権の成長とともに御所の鎮守として、武家の都である鎌倉の鎮守として、東国の鎮守として機能するように変化していった。

古代の都はいずれも大陸の都城にならって内陸の平野部に造られたのに対し、鎌倉は山々に囲まれ、海に面した谷部に造られており、規模こそ小さいものの、それだけに全体がコンパクトで有機的な関係性をもった都となった。東国の都であり、また武家政権の都であった。そして鎌倉において幕府政権を築いた武士たちは、ここを場にして政治的・文化的訓練を積んで実力をつけると、京都からも積極的に政治や文化の大系を取り入れ、全国政権としての体制を整えた。十二世紀後半から十九世紀後半にいたるまでの七〇〇年におよぶ武家政権の時代の基礎を築いたのである。

4　大陸の世界とのかかわり

文化の吸収はさらに大陸にもおよんでいった。京都の公家政権を凌駕しようということから、栄西を庇護して早くに禅宗にかかわり、儒教による徳政を推進するなど精神文化を吸収するいっぽう、茶・銭・唐膳、唐物などの物質文化、さらには建築や彫刻などの技術文化の吸収にも積極的に取り入れるようになり、モンゴル襲来を前後して禅僧を受け入れ、留学僧も大陸に渡るなど、ヒトとモノとの往来が著しくなった。

このような四点にわたる独自性において、これまで日本で和様の古典文化を基礎にして展開してきた公家文化に対して、新たな生活文化や芸能文化を母体とした武家文化が展開してゆくことになったのである。

三　鎌倉の時期区分

鎌倉幕府が存続したのは約一五〇年、その間の変化も著しいし、頼朝の入部以前をどうとらえるか、滅亡以後をどう把握するかという問題もあるが、まずは鎌倉時代の時期区分をどうすべきかが重要な課題となる。

干支によって一二年ごとの変化を考えてみること、あるいは四半世紀ごとの変化をみることも可能であるが、文献からすれば、幕府の歴史を記した『吾妻鏡』の時代と、それ以後の時代の捉え方では自ずと差が生まれてくるので、この時代の政治史や人物史を探るなかでの画期として一〇年という期間が多くうかがえることから、『吾妻鏡』に基づきながら一〇年を単位とした画期を設定してみると、次の表のようになる。これはたまたま『吾妻鏡』が西暦一一八〇年に記述が始まっていることの便宜にもよる。

1　吾妻鏡に一〇年ごとの変化

①　一一八〇年（治承四）　頼朝の挙兵

②　一一九〇年（建久元）　頼朝の上洛

③　一一九九年（建久十）　頼朝の死
④　一二一〇年（承元四）　神社仏事興行令
⑤　一二二一年（承久三）　承久の乱
⑥　一二三一年（寛喜三）　寛喜の飢饉
⑦　一二四二年（仁治三）　北条泰時の死
⑧　一二五二年（建長四）　宗尊親王将軍
⑨　一二六一年（弘長元）　弘長の新制

以上の画期をみてゆくと、都市鎌倉の発展にとっては火事が大きく影響していたことがわかる（関係史料参照）が、この十年の画期に基づいて、『吾妻鏡』以降の時期を設定するならば、次の通りになる。

2　吾妻鏡以後の一〇年ごとの変化

⑩　一二七〇年（文永七）　蒙古襲来対応
⑪　一二八一年（弘安四）　弘安の役
⑫　一二八九年（正応二）　久明親王将軍
⑬　一三〇〇年（正安二）
⑭　一三一〇年（延慶三）
⑮　一三二〇年（元応二）

⑯　一三三〇年（元徳二）

3　これをさらに二〇年ごとの変化としてみると、それぞれの時代の主な政治担当者との関係が浮き上がってくる。

Ⅰ　一一八〇年　源頼朝
Ⅱ　一二〇〇年　源頼家・実朝
Ⅲ　一二二〇年　北条泰時
Ⅳ　一二四〇年　北条時頼
Ⅴ　一二六〇年　北条時宗
Ⅵ　一二八〇年　北条貞時
Ⅶ　一三〇〇年　北条貞時・高時

こうした時期区分を設定することにより、政治や文化の展開、発掘の成果の洗い出しなどを考えてほしいと思う。新たな時期区分からはこれまで見えてこなかった部分がしばしば見えてくるものだからである。

四　今後の研究に向けての展望

鎌倉の文化の全体性を世界遺産として登録すべきであろうと考え、「武家の古都・鎌倉」

というコンセプトにより登録が進められてきたのであるが、残念なことに現在のところ、登録にはいたっていない。

その原因はさまざまに考えられるが、コンセプトの中核を占める幕府の御所などの遺跡にほとんど保存や活用の手がつけられていないこと、地下に眠っている埋蔵遺跡の発掘は多くなされていても、それをきちんと提示し、復元するなどの可視化が全くなされていないことが大きい。

さらに登録を通じて何度かシンポジウムを行ったが、報告者からしっかりしたペーパーが出されないままに終わるなど、研究についての真摯な態度が醸成されてこなかったこともあって、鎌倉研究の未来にとって大きな問題を投げかけていることを最後に指摘しておきたい。

きちんとした報告がなされぬままに推論や情報が行き交い、わかったような気分が横溢して研究が進められてきているように思えてならないのである。

【史料】 都市鎌倉の形成の段階（『吾妻鏡』から）

① 都市鎌倉の成立へ

1 治承四年（一一八〇）鶴岡八幡を小林郷に遷す。

治承四年十月十二日「為崇祖宗、点小林郷之北山、構宮廟、被奉遷鶴岡宮於此所、以専光坊暫為別当職、令景義執行宮寺事。武衛此間潔斎給。（中略）本社者、後冷泉院御宇。伊与守源朝臣頼義奉勅定、征伐安倍貞任之時、有丹祈之旨、康平六年秋八月、潜勧請石清水、建瑞籬於当国由比郷〈今号之下若宮〉」

2 大倉郷に御所を造営し、御家人の宿館の形成。

i 治承四年十月七日条「先奉遥拝鶴岡八幡宮給。次監臨故左典厩之亀谷御旧跡給。即点当所、可被建御亭之由、雖有其沙汰、地形非広。又岡崎平四郎義実為奉訪彼没後、建一梵宇、仍被停其儀云々」

ii 治承四年十二月十二日条「前武衛新造御亭有御移徙之儀、為景義奉行、去十月有事始、令営作于大倉郷也、時剋、自上総権介広常之宅、入御新亭、御水干・御騎馬、和田小太郎義盛候最前、加加美次郎長清候御駕左方、毛呂冠者季光在同右、北条殿（中略）佐々木三郎盛綱以下供奉、畠山次郎重忠候最末、入御于寝殿之後、御共輩参侍所（十八ヶ間）二行対座、義盛候其中央、着到云云、凡出仕之者三百十一人云云、又御家人等同構宿館、自爾以降、東国皆見其有道、推而為鎌倉主、所素辺鄙、而海人野叟之外卜居之類少之、正当于此時間、閭巷直路村里授号、加之家屋並甍、門扉輾軒云々」

② 幕府体制の整備

1 建久元年（一一九〇）、頼朝上洛。翌年（一一九一）の大火により幕府御所・鶴岡若宮が

焼失。三月四日「南風烈、丑剋、小町大路辺失火、江間殿・相模守・村上判官代・比企右衛門尉・同藤内・佐佐木三郎・昌寛法橋・新田四郎・工藤小次郎・佐貫四郎已下人屋数十宇焼亡、余炎如飛而移于鶴岡馬場本之塔婆、此間、幕府同災、則亦若宮神殿廻廊経所等悉以化灰燼、供僧宿坊等少々、同不遁此災」。

2　建久三年（一一九二）十一月二十日「永福寺営作已終其功、雲軒月殿、絶妙無比類、誠是西土九品荘厳、遷東関二階梵宇者歟。今日御台所有御参云々」鎌倉の山の手地区の改造。

③　将軍頼家の時代

1　鎌倉を侍所が管轄。建久十年（一一九九）四月二十日「為梶原平三景時、右京進仲業等奉行、書下政所云、小笠原弥太郎・比企三郎・同弥四郎・中野五郎等従類者、於鎌倉中、縦雖致狼藉、甲乙人敢不可令敵対、若於有違犯聞之輩者、為罪科、慥可尋注進交名之旨、可触廻村里之由、且彼五人之外、非別仰者、諸人輒不可参昇御前之由」。

2　正治元年（一一九九）五月二十二日「浜辺焼亡、人屋三十余家災、平民部大夫・中沢兵衛尉・飯富源太等之家在其中」。建仁元年（一二〇一）三月十日条に「未剋、若宮大路西頬焼亡、懐島平権守旧跡、土屋二郎・和田左衛門尉等宅以南、至由井人屋、片時之間数丁災」。浜や若宮大路の西側が火事にあり、鎌倉中全体に人屋が広がっていった。

④　将軍実朝の親政の時代

1　承元四年（一二一〇）八月九日「神社仏寺領興行事思食立、有不慮顛倒事否可尋注進

2　之旨、今日被下御書於守護人等云云」。前年から政所下文を発給。
建暦二年（一二一二）三月十六日「前浜辺為屋地、分賜御家人等。所謂、土屋大学助・和田新左衛門尉・境平次兵衛尉・波多野次郎・牧小太郎・長江四郎・松葉次郎等也、清図書允奉行之」。建暦三年（一二一三）五月の和田合戦の主戦場は由比浜と若宮大路。

⑤　執権体制への転換

1　承久元年(一二一九)正月に実朝殺害、同七月十九日に藤原道家息頼経が鎌倉に到着。「有政所始、若君幼稚之間、二品禅尼可聴断理非於廉中」。

2　九月二十二日の阿野四郎の浜の宅の北辺から出火した火事は、南は浜の庫倉前、東は名越山際、西は若宮大路、北は永福寺惣門に至る「鎌倉中」が焼失。翌年二月十六日「大町以南焼亡、北風頻扇、南延至浜」二月二十六日「大町上失火、於武州亭前火止訖」、三月九日「窟堂辺民居数十宇災」。

3　承久三年に承久の乱が起きる。

⑥　北条泰時による鎌倉の基盤整備

1　寛喜三年（一二三一）に大飢饉がおき、翌貞永元年に御成敗式目を制定。

2　七月十二日に勧進聖人の往阿弥陀仏が舟船着岸の煩をなくすため、和賀江に島を築くことを申請してきたことから、泰時が歓喜して合力・助成。

⑦　北条泰時による鎌倉の制度整備

1　仁治元年（一二四〇）十一月、北条泰時は鎌倉と六浦津を結ぶ道路の整備を御家人らに命じ、鎌倉中警固のため「辻辻可焼篝之由被定、省充保内在家等、定結番、可勤仕之旨、被触仰保保奉行人等」とした。

2　翌年三月十七日「丑剋巽風烈、自前浜辺人居失火起、限甘縄山麓、数百宇災、千葉介旧宅、秋田城介・伯耆前司等家在其中云々」。

⑧　北条時頼は鎌倉を首都として整備。

1　建長二年（一二五〇）に鎌倉を対象に諸法令が出される。三月十六日に「鎌倉中保保奉行人等」に命じて、「注無益輩等之交名、追遣田舎、宜随農作勤之由」を指示。四月二十日には保保検断奉行人に命じて、「卑之輩太刀并諸人夜行之時帯弓箭事、可令停止之由」が命じられ、四月二十九日には雑人訴訟が、鎌倉中では「地主吹挙」によると定められ、六月三日には山内、鎌倉と六浦を結ぶ道路の整備を改めて命じている。

2　翌建長三年になると、二月十日に「甘縄辺焼亡し、（中略）東は若宮大路、南は由比浜、北は中下馬橋、西は佐々目谷也」と大火が起きた。この年には鎌倉中の町屋の場所を大町・小町・米町・亀谷辻・和賀江・大倉辻・化粧坂山上など七か所に定めている。

3　建長四年、北条時頼は宗尊親王を将軍に迎えると、九月三十日に鎌倉中の所々での酒の売買を禁じ、その際に民家にある酒壺はその数三万七千二百七十四口。

⑨　得宗新体制の形成

1

弘長元年（一二六一）に鎌倉の都市法の集大成ともいうべき弘長の新制が出される。鎌倉の行政区である保に配置された奉行人（保奉行人）を通じて、土地や検断など各種法令の執行が命じられる。

鎌倉における古典知の集積とその背景

西岡　芳文

「古典知」とはあまり聞き慣れぬ、未熟な用語であるが、簡単にいうならば、古くから多くの人によって規範として尊重された書記言語によって編集されたテキストの総称ということになろう。これに対して、古典の座を占めることなく消費しつくされ、忘却・滅失されてしまうテキストが一方に措定される。

テキスト化された「古典知」は、大きく分けると顕密仏教として一括できる体系があり、仏教の視点からはこれを「内典」と称した。その範疇に含まれない和漢の古典的知識は「外典」と呼ばれ、『古今和歌集』『伊勢物語』『源氏物語』『和漢朗詠集』が最も基本的な古典とされた。漢籍の場合は、伝統的な博士家の秘伝を導入しなければ本文を読むことすら難しかったのである。和・漢・梵の三国にまたがる文字化された知識を総合的に鎌倉に導入するまでには相当な時日を要した。

人類の過去の経験を伝承する方法としては、こうした言語によってテキスト化された情報だけでなく、日常生活やさまざまな仕事に付随する文字や言語にならない知識がある。たとえば「ことわざ」や「おとぎ話」に象徴されるような生活の知恵、各種の職能にかかわる技能の伝承、宗教的な口伝・秘伝など、時代をさかのぼればさかのぼるほど、口頭言語やことばにもならない暗黙の伝承の占める割合が高まるのである。こうした形で伝承される情報群を、マイケル・ポランニーにならって「暗黙知」と表現することが可能であろうが、あるいは「経験知」「世間知」と呼ぶこともできるかもしれない。

ほとんどゼロの状態から出発した鎌倉幕府にあっては、公家的素養が乏しかったのはもとより、武士のたしなみとされた流鏑馬や狩猟の作法までもが体系的には習得されておらず、西行のような故実に詳しい人物の教えを受けて初めて正しい形式の武芸が導入されたのである。これは、伝統的な武芸が朝廷の武官のなかで口伝や秘伝として伝承されてきたからである。朝廷に仕える衛府の武官や、滝口・北面の武者たちは、武芸のみならず音楽や芸能、和歌や漢籍の学問まで深く究める者が多かった。関東出身の由緒ある武家には、そうした武官として在京した経歴をもつ者もかなりいたはずであるが、個々人の習得した技能をつなぎ合わせても、朝廷武官の知識体系を鎌倉で全体的に再現することはできなかった。

ある意味で歴史的偶然によって成立した鎌倉というシステムは、何も頼るべきもののない状況からスタートしたのであった。

一　鎌倉における仏教

治承四年(一一八〇)、源頼朝が鎌倉入府を果たし、将軍家の守護神として鶴岡八幡宮を造営したとき、最初に別当として迎えられたのは伊豆山の良暹という僧であった。平安時代から続く関東各地の霊山古刹に住する僧侶が、まず最初に鎌倉に招かれて八幡宮寺の役僧となったのが鎌倉仏教のスタートであった。勝長寿院・永福寺など、将軍家の御願寺として次々に建立された大寺院には、源氏との旧縁が深く、源氏挙兵にあたって最初に加勢した園城寺の僧が迎えられた。また、平氏政権の後ろ楯によって地位を得たものの、平氏の滅亡によって外護者を失った畿内諸大寺院の高僧が鎌倉に招かれ、相応の処遇を与えられた。

強大な幕府権力と財力によって支えられた鎌倉の寺社は順調に成長した。鶴岡別当を勤めた定豪(一一五二〜一二三八)が嘉禎二年(一二三六)に東寺長者となった背景には、承久の乱を乗り越えて、公家の人事に発言権を拡大した鎌倉幕府の強い推挙があったものと考えられる。鎌倉と真言密教のつながりは、幕府草創期からの重臣で、御家人の頂点に位置した安達氏の役割が大きい。

北条政子は、源頼朝の菩提のため、建暦元年（一二一一）に高野山上に禅定院を建立し、さらに源実朝の菩提のために承久元年（一二一九）に金剛三昧院を建立した。建立奉行を勤めた安達景盛は、出家して大蓮房覚智と名乗り、嘉禄元年（一二二五）に北条政子が没すると、高野山に腰を据えた。覚智は形式的に入道となっただけでなく、密教の修行・伝法灌頂を受けて阿闍梨となり、寺院権門内部の人間として対外交渉を行った。孫の泰盛は、祖父以来の高野山の本拠を拡充するいっぽう、京都西八条の実朝未亡人の旧邸に開かれた遍照心院を拠点として、真言密教諸流の中心人物たちと連携し、法脈を鎌倉に導入することにつくした。寛元元年（一二四三）に仁和寺の西院流の正嫡であった禅遍宏教が鎌倉に下向し、文永九年（一二七二）に醍醐寺三宝院流の頼賢が鎌倉に下向したのはその一例である。ほかにも安達氏のバックアップによって、醍醐寺の地蔵院流や随心院流など、いくつもの真言密教の法流が、正嫡を伝える僧侶と根本聖教を伴って鎌倉に下向し、拠点を設けるようになった。

北条経時の子で、真言僧となった頼助（一二四六〜九七）が、鎌倉の佐々目遺身院を本拠として鎌倉の密教界の頂点に立ち、東寺長者・東大寺別当を歴任したことは、安達氏三代の積み上げた仏教界における実績によって導かれたものであり、その跡を仁和寺出身の益性法親王（亀山天皇皇子）が継承し、仁和寺に秘められていた御流を鎌倉に伝え、自己組織性をもった鎌倉密教のシステムが成立したのである。

鎌倉で形成された仏教システムのもう一つの大きな特徴は、真言律の導入とその展開である。平安時代末期、興福寺出身の貞慶らによって提唱された戒律復興運動は、鎌倉時代に入って覚盛・叡尊らが「自誓受戒」という新たな方法を創案することによって現実の仏教運動となった。彼らの活動は、律僧の育成、殺生禁断を中心とする戒律の普及、唐土における新たな戒律研究の導入の三部門にわたって精力的に展開した。在来の寺院システムから独立した律僧集団のネットワークを母体とする戒律復興運動は、それまで寺社権門のなかで疎外されていた人々を吸収し、短期間のうちに全国の大寺社・霊場寺院に広まったのである。

とりわけ南都西大寺に本拠を置いた叡尊は、弘長二年（一二六二）に、北条時頼・実時の招きによって鎌倉に下向して布薩活動を展開し、幕府有力者だけでなく、東海道から鎌倉に至る地域の一般民衆にまで律宗の存在を知らしめることに成功した。叡尊の後は忍性が鎌倉極楽寺を律宗の拠点として構築し、多宝寺・称名寺など、東国律宗の核となる寺院も形成された。文永年間（一二六四〜七五）から鎌倉末期におよぶ蒙古襲来の危機を背景にして、律宗教団は、土木・福祉など多方面にわたる社会事業の担い手となり、朝廷・幕府の全面支援を受けることができた。また律僧という立場を利用して、交戦状態にあった大陸に渡航し、経典や仏具ばかりでなく、多量の唐物交易を行って財政的基盤を形成していたことも重要である。中国南部で盛んに出版された書物・経典を最初に日本にもたらしたのは律宗教団であり、室町時代以降は禅宗に取って代わられることになる。

平安時代までの密教は、修法にあたっては多大な布施を要することから、主に権門貴紳のみが支持母体となっていた。ところが、叡尊・忍性によって形成された律宗は、密教を基盤に据えていたことから、それまで密教とは無縁であった階層に密教修法を普及させる役割を果たした。鎌倉時代後期の国家的な危機感覚を媒介にして、密教の民衆化が始まったといえる。

安達氏によって次々と鎌倉に導入された真言諸流は、東国の律宗寺院のなかに導入され、律宗教団を通じて社会に広まった。平安時代以来の権門体制にあった身分的・地域的な隔壁が取り払われ、密教の受容層が拡大した背景には、新たに勃興した鎌倉という政治的・文化的システムが大きな役割を果たしていたのである。

京都から独立した鎌倉という政治システムが完成したことにより、文化的にもさまざまな変化が芽生えた。仏教について言えば、京都で排撃された新義の教えが鎌倉文化圏のなかで保護され、成熟して組織化され、やがて京都に進出するというパターンがみられる。

栄西・能忍の時代は天台宗と兼学の状態であった禅宗は、寛元四年（一二四六）に南宋から蘭溪道隆が来日したのを嚆矢として、唐土の形式を写した禅院が開かれるようになる。

しかし京都においては山門をはじめとする旧来の寺院勢力が、新義の仏教組織の樹立を許さなかった。それに対して鎌倉では幕府要人の庇護のもとに大陸様式の禅院が建立され、独自の禅宗組織が形成されていく。日本の禅宗は、東国で組織化をとげた後で京都に進出し、五山寺院を造りだしていったのである。

法然門下の専修念仏の集団も、山門の弾圧を逃れて地方に退避するなかで、鎌倉に拠点を構えた白旗派や名越派、さらに北関東で形成された親鸞の門徒たちが教団を形成し、室町時代以降になって京都に回帰する動きがみられる。また、天台宗の異端派として出発した日蓮の教えも、鎌倉および東国を母胎として教団が醸成され、南北朝時代以降になって京都に進出することになるのである。

京都と鎌倉（東国）の宗教的対立は後年まで続き、常に京都の本山は正統、東国の教団は異端という対比で認識される。これを逆の面からみると、鎌倉・東国は、伝統的な文化システムを攪拌し、破壊し、再構成させる場としての役割を果たしていたということになるだろう。

二　漢籍の受容と展開

鎌倉における漢籍の受容は、具体的に書目が判明する金沢文庫を除けば、その実態を明らかにすることは難しい。源家三代将軍の時代には、大江・三善・中原など、朝廷の文筆官僚の流れをくむ人々が幕府の文書事務体系を確立するために重用されており、漢文・漢籍にかかわる知識もおのずと彼らの知識の範囲内に止まっていたものと考えられる。承久元年（一二一九）、九条頼経が将軍として下向し、やがて承久の乱を経て、幕府の権力が朝廷を揺るがすようになった頃、将軍御所にも京都風の文事が育ち始める。そして建長四年（一二五二）に後嵯峨天皇の皇子である宗尊親王が将軍に着任したことによって、朝廷文化のエッセンスもまた鎌倉に移入されたのである。

金沢文庫を創設した北条実時の場合、将軍侍読として招かれた清原教隆から『古文孝経』『群書治要』『春秋経伝集解』の訓説を伝受されている。いずれも儒学の古典であり、治世の要諦を記した書物である。実時は、小侍所別当すなわち将軍の身の回りの儀仗を担当する役務を遂行するための知識を得るために、こうした固い古典を精読したものと思われる。金沢文庫本として知られる書目では、宗尊将軍の在任中である正嘉元年（一二五七）から教隆が死去する文永二年（一二六五）まで、実時は『律』『令義解』など、難解な法書に取り組んでいる。国家を動かす制度を理解するうえで、きわめて本筋の読書であり、実時をとりまく幕府要人が、将軍とともに古代国家のシステムを習得する努力を行っていたことがうかがわれる。

実時の文事として特筆されるのは『白氏文集』の収集である。金沢文庫本として知られる古鈔本は、平安時代の入唐僧・恵蕚が、唐土の寺院に奉納された白氏自筆本を写して持ち帰ったものを底本とする素性のよい写本であり、鎌倉初期に豊原奉重という下級官人が、安貞二年（一二二八）から八年の歳月をかけて校訂した定本をそのまま写している。

白楽天の詩は平易な表現をとり、一般庶民の間でも流行するほどであったことから、日本でも最も親しまれる唐詩人となった。しかし王朝貴族たちは白詩のもつ政治批判や社会風刺の側面よりも、花鳥諷詠の作品を好んだ。それに対して実時の白氏受容は、詩ばかりでなく、政治家としての白居易が起草した文章にも及んでいる。杭州刺史として西湖を治めた白居易、そして元白と並び称される盟友であった元稹が杭州に隣接する越州刺史となり、白氏と唱和した詩を残していることから、実時はこれを自らの越後守という官職に重ね合わせて「越州刺史」という唐名を用いて、自ら写した書物の奥書を記しているのである。

当時、『白氏文集』の受容は「新楽府」「長恨歌」など、はじめの方に置かれた有名な作品に偏っていた。そのため、政治的な文章を収めた後半部分の多くは、博士家の学者でもすぐには解読できなかったようである。豊原奉重の奥書には、日本に伝本がなく、褶本（宋板）によって写した巻については、相伝の訓点が得られないので私案によったという弁解が記されている。実時はおそらく、入宋経験のある称名寺の学僧・円種の助けを借りて、こうした巻まで読み込もうと努力したのであろう。

実時の漢籍受容としては『斉民要術』が注目される。華北地域の農業・食養について詳細にまとめられたこの実用書が詠まれた目的は何だったのであろうか。奥書によると、本書の書写は文永十一年（一二七四）、すなわち蒙古軍の第一次襲来が起こったその年である。蒙古の国書が来てから七年、実時の晩年はこの事態をめぐって忙殺されていたのであり、趣味の読書をする余裕はなかったであろう。敵国の食糧事情を知り、兵站の参考にすることがこの書物を学ぶ目的であったことは十分に考えられる。

実時の嫡子である北条顕時については、『春秋経伝集解』『施氏尉繚子講義』以外に奥書に名を留めるものは残されていない。転写本の奥書であるために確実性は劣るが、尉繚子を含む施子美による武経六書の注釈を、実時が子息に書写させ、学ばせていることは、蒙古合戦当時の武人のたしなみとしてはいかにも相応しい。顕時没後の供養表白類には、「荘老孔儒之才をたしなむ」とか「文道之蘂を玩ぶ」などの表現があり、父の跡を受けて学問教養の面で幕府首脳部のなかで一目置かれていたことがうかがえる。

しかし顕時は霜月騒動に連座して政治的には挫折し、永仁元年（一二九三）に平頼綱が滅びるまで下総に蟄居していた時期が長かったことから、その才能を政治に生かすチャンスに恵まれなかった。そのため、顕時の志向としては、漢学においては老荘思想に、仏道においては禅に傾斜することになった。顕時は『伝心法要』という禅籍に大休正念の跋文を付して開板しており、これは五山版の先駆けとされる日本の出版史・禅宗史にとって重要な事業であった。また、安達氏出身の顕時夫人が、無学祖元・大休正念の許で参禅し、出家して無着尼と号し、京都の資寿院の開山となったのも日本における禅宗の尼僧のさきがけであった。資寿院は後に景愛寺となり、尼五山の筆頭とされている。顕時夫妻は、禅文化の積極的な受容・導入について大きな役割を果たしたのである。

蔵書印によって金沢文庫本として知られる書物の大半は、孫の貞顕の時代に収集されたものである。貞顕は、幼少期は父の失脚によって不遇であったが、父が政界に復権してからは急速に地位を上昇させ、数名の兄を超越して金沢北条氏の嫡流を継いだ。貞顕の場合、金沢家三代の蓄積に加え、乾元元年（一三〇二）から十二年にわたって六波羅探題として在京していた経験が大きな意味をもっていた。政務の一方で公家との交流を積み重ね、京都に蓄積されていた典籍類を精力的に書写して自らの蔵書とした。また大陸との交易によって多量の版本を入手する便にも恵まれたからである。『太平御覧』など、膨大な巻数におよぶ類書をまとめて輸入するなど、版本を中心に、考えられる限りの漢籍を収集したようである。

現存する金沢文庫本の宋版本には、後世の書き込みがきわめて少ない。一つには宋版を貴重視して大切に保管された可能性が考えられるが、別の見方をすれば、収集するだけで十分に利用されないまま幕府滅亡を迎えたということも考えられる。一概には判断できないことであるが、後の鎌倉五山の学問、あるいは足利学校の活動に金沢文庫本が役立ったことは事実であり、幕府滅亡を越えて残された金沢文庫本が後世に大きな貢献をしたということは間違いない。

三　鎌倉における和書の受容

和書のなかでも、和歌・文芸などの和文脈の古典が金沢文庫本としてかなりの書目が知られている。書目だけをあげつらうことに大きな意味は感じられないが、最近特に注目されているのは北条実時周辺の古典注釈の世界である。

金沢文庫本の和書としては、実時の奥書をもつ『源氏物語』青表紙本（名古屋市蓬左文庫所蔵）が有名である。これに加えて最近では『古今和歌集』『万葉集』についても、実時所持本の存在が浮かび上がってきている。既存の写本を実時が入手し、金沢文庫に収めたというだけならばそれだけのことであるが、たとえば『源氏物語』については『異本紫明抄』という注釈が、実時らの注釈作業の成果をまとめたものとする見方がある。『古今和歌集』にしても、金沢文庫に現存する残巻は称名寺伝来のもので、武田祐吉旧蔵本（國學院大学図書館所蔵）に「越本」と書き込みのあるものが実時にかかわるとすれば、注釈までには至らないものの、少なからず独自の校異をほどこした写本であったとみられる。

最近では、仙覚を中心とする鎌倉での『万葉集』注釈・解読事業にも実時の関与が濃厚であることが推測されるようになった。実時の手沢本である『斉民要術』の紙背文書に仙覚書状があり、比企氏の末裔といわれる仙覚と実時の間に交渉があった可能性は高い。『西本願寺本万葉集』が鎌倉における独自の万葉集注釈の成果を含んだ清書本であり、実時本『源氏物語』と共通する装丁・体裁をもつことから、これを実時・金沢文庫伝来とすれば、『万葉集』の受容のうえで画期的な作業が行われたことになる。

こうした古典注釈の作業は、実時の私的な営みではなく、将軍御所において行われたものので、実時は小侍所別当としてその事業を統括する立場にあったものらしい。ことに宗尊親王が将軍となった建長四年から文永三年（一二五二〜六六）までの古典講読は熱の入った作業となったとみられ、その成果は、宗尊将軍の更迭によって実時の許に残されることになったのであろうという。京都とは異なり、歴史的な束縛のない鎌倉という場において清新な古典注釈がなされたかどうか、現存するテキストの詳しい分析を待たねばならないが、ひとつの可能性は想定できるだろう。

北条実時は、『源氏物語』などの王朝時代の古典学習とほぼ時を同じくして、清原教隆について律令注釈書を熱心に学んでいる。『令義解』第五の奥書によれば、文応元年（一二六〇）八月の鶴岡八幡宮放生会の棚所（桟敷）の中で秘説を授けられたというのは、その向学心を示す端的なエピソードである。さらに南都西大寺から叡尊を鎌倉に招いて律宗の興隆を図ったのは弘長二年（一二六二）のことであり、実時一個人のなかでは、和漢梵の知識が同時並行で急速に集積されていたことになる。

　しかしこのような実時の古典学習の成果がただちに金沢文庫に集積され、後世に影響を与えたとみることには疑問がないでもない。先述の通り、実時の嗣子である北条顕時は弘安八年（一二八五）に霜月騒動に連座して蟄居、八年後に復帰するがもはや出家して退隠の身分であり、幕府の重職につくことはなかった。顕時蟄居の間、金沢文庫が維持されていたかどうかも不明である。実時が所持していた『源氏物語』の写本が南殿などの金沢北条氏所縁の女性たちの間に伝えられていたことをみても、組織的に文庫で管理されていたとは考えにくい。漢字で書かれた文献の一部は称名寺で、和文脈の古典籍は金沢家の女性たちによって保持されてきたのであろう。

　金沢文庫本として著聞する書物の大半は、実時の孫、金沢貞顕の時代に収集されたものである。検非違使の職務マニュアル『侍中群要』や、藤原通憲の編んだ平安時代の明法家の判例集である『法曹類林』など、浩瀚な分量をもつ王朝国家の実務書は、六波羅在職中の貞顕が公家社会と交流することによって初めて入手しえたものであろうし、漢籍類についても、財力に任せて買いつける機会に恵まれていたものと思われる。貞顕が収集した和漢書が鎌倉の要人の間でどれだけ活用されたかどうかはわからないが、同時代の人々の間で、金沢文庫が鎌倉を代表する蔵書として評価されていたことは確かなようである。

四　蒙古襲来という画期

北条実時の壮年期、すなわち北条時頼・長時・政村が執権となっていた時代、鎌倉に導入された学問や仏教は、必ずしも当代一流の学者や高僧がもたらしたものではなかった。将軍御所で古典文芸作品の注釈が行われたり、蹴鞠などの芸道が学ばれたにしても、将軍の更迭があい次ぎ、そのたびに側近の御家人が入れ替わるような環境では、あくまでも将軍の私的興味にもとづく学芸愛好であり、鎌倉に古典的知識を培養する土壌を維持することは困難であった。古典学における東西格差は比較にならないほど大きかったのである。

こうした状況に変化がみられるのは蒙古襲来という世界史的な大変動が日本におよんでからのことである。蒙古帝国への帰順を求める高麗国の使節が来日したのが文永四年（一二六七）末、それから実際に軍事的侵攻が現実のものとなるまでの七年間、日本社会は極度の緊張状態におかれ、鎌倉幕府は国家防衛のための本来の役割を求められるようになったのである。蒙古帝国の圧力は九州方面だけでなく、北方からも波及し、御家人たちは西と北へ送られることになった。秋田城介を世襲する安達泰盛の立場は、文字通り奥羽地域の防衛を担う重職となった。

弘安二年（一二七九）、南宋王朝が滅亡すると、少なからぬ宋人が日本に渡来することになった。こうした宋人たちは、相当な知識をそなえたインテリ層が多かったとみられ、鎌倉にもその姿が散見される。例えば文永六年（一二六九）に北条実時が造立した称名寺の梵鐘は、正安三年（一三〇一）に改鋳されるが、その刻銘を作ったのは入宋沙門円種であり、それを書いたのは宋小比丘慈洪という渡来人であった。慈洪が詠んだ漢詩には「大宋浪人」と自称したものもあり、宋朝の滅亡によって行き場を失った知識人の一部が確かに鎌倉にも来ていたのである。

文永・弘安の異国合戦の結果、捕虜となった宋人も鎌倉に来ていたらしい。称名寺の釼阿の修業時代、弘安八年（一二八五）の春に安達氏が外護する甘縄無量寿院で行われた『釈摩訶衍論』の講義に参加している。そのときの講義録の表紙の片隅には、次のような記事が小さく書き留められている。

　或寺方丈流罪唐人用途被訪事、彼状云、
　　始謁異朝客　誰不哀孤衰　雖壊小賎恥　只憐無身資
　彼唐人返状云、
　　唐朝万里海難帰　愁怕風吹木葉飛　夜眠切冷無人間　只得求僧去誰知
　古人云、眼若睡諸夢自除心、若起（異）心源空寂、達磨安心□要□諫法有、則自心之有、
　　諸法無□□心□

これは、ある寺の方丈に「流罪唐人」が匿われており、生活費に不自由しているという嘆

きを聞き、「用途」(生活費)を贈ったことから、詩の応答となったものとみられる。具体的なことはぼかされているが、これは鎌倉の中心に位置する無量寿院に唐人がいたことを示すものとみてよいであろう。若き釼阿が直接やりとりした可能性もある。安達泰盛はこうした人物を通して大陸情勢を入手していたものとみられる。

それから半年後、霜月騒動が起こり、安達氏はいったん滅亡し、無量寿院も被災するのだが、極楽寺や称名寺などの律宗教団、あるいは鎌倉の禅院においては、渡来した宋人たちを出家の身分にして匿う体制ができていたものと思われる。正安元年(一二九九)、蒙古の使節として来日した一山一寧が、建長寺・円覚寺に迎えられ、かつ称名寺長老(審海)とも交流をもつことができたのは、鎌倉の禅院・律院にこうした人的蓄積が形成されていたためであろう。

安達泰盛とその一党が粛清された弘安八年(一二八五)の霜月騒動、これは鎌倉時代史を画する大事件であったが、この事件の背景には、安達氏の首脳部が高野山に参向し、二カ月ほど鎌倉を留守にしていたという事情が考えられる。

三代にわたって高野山の大檀那となった安達氏は、文永二年(一二六五)から十数年にわたって山内の整備を行った。なかでも登山口の慈尊院から奥院までの間に一丁ごとに建立された町石塔婆は、後嵯峨上皇から得宗、有力御家人がそれぞれ施主となった二一七本が寄進されている。その完成を記念する大法会が山上伽藍において弘安八年(一二八五)

十月二十一日に挙行されたのである。蒙古襲来の最中、空海の真言密教を再興することによって国家の安泰を図ろうとする、安達氏の宗教的事業の完成を象徴する儀式であった。皮肉にもそのための鎌倉不在が、霜月騒動という悲劇をもたらしたのである。

安達氏は高野山ばかりでなく、真言密教の諸法流の鎌倉導入を積極的に進めた形跡がある。仁和寺に発する広沢流系では、西院流、華蔵院流など、醍醐寺を中心とする小野流系では地蔵院流、安祥寺流などの法流を、正嫡の高僧と根本聖教をあわせて鎌倉に招致し、外護している。これらの法流は、無量寿院や佐々目遺身院、あるいは極楽寺・称名寺など、安達・北条一門によって建てられた密教寺院・律院が受け皿となったようである。

このような密教諸流の鎌倉移動という現象を、単に安達氏や北条一門の権勢ずくの宗教政策とか、寺社勢力の取り込みという解釈だけですませるのは表層的な理解であろう。時期を考え合わせれば、蒙古襲来という危機のなかで、京都・奈良に集中していた古典文化を東方に避難させるという意図が含まれていたのではないかと想像されるのである。

金沢文庫の蔵書に代表される、王朝国家のシステムを支えた和の古典、そして称名寺聖教にみられる、総合的な仏典の収集と密教諸法流の正嫡招聘、これらの事業は、外敵侵入を想定した文化遺産の退避、バックアップ事業の一環としてとらえるべきなのではないだろうか。結果として蒙古軍の侵入・国土占領は回避されたが、南北朝内乱にともなう王権の分立によって文化システムも分裂し、それまで政治的権力の裏づけによって正統性が担保されていた古典学習の桎梏が外れた。こうした環境下で、鎌倉に蓄積された和漢梵にまたがる古典と、新たに渡来した外国人がもたらした知識は、比較的自由な展開をとげるようになり、新義・異端の教説が成長できる条件が整っていったのである。

同時代人の証言を求めるのは至難であるが、このような見地から鎌倉文化論、情報蓄積の進展をとらえ直していく必要があるのではないだろうか。

【参考文献】

関　靖『金沢文庫の研究』大日本雄弁会講談社　一九五一年
永井　晋『金沢貞顕』吉川弘文館〈人物叢書〉二〇〇三年
福島金治『安達泰盛と鎌倉幕府』有隣堂〈有隣新書〉一九九六年
西岡芳文『蒙古襲来と鎌倉仏教』神奈川県立金沢文庫展示図録　二〇〇一年
織田百合子『源氏物語と鎌倉』銀の鈴社　二〇一一年
世界遺産登録推進三館連携特別展図録『武家の古都・鎌倉』神奈川県立歴史博物館　二〇一二年

考古学からみた鎌倉研究の現状と課題

永田 史子

はじめに

鎌倉で考古学的な調査が開始されてから、約八〇年がたった。

現在、市内では年間約三〇件の発掘調査が行われ、日々、考古学的な調査成果は蓄積されている。しかし、いまだに「鎌倉の研究成果が外から見えにくい」という意見も耳にする。そこで今回の中世都市研究会のテーマ「鎌倉研究の未来」について展望するにあたり、これまでに明らかにされたこと、明らかにされなかったことについて考古学の立場から、見つめ直してみたいと思う。

一　研究史

鎌倉の発掘調査史は、中世都市鎌倉解明の歴史でもある。

その始まりは、一九三一年（昭和五）に赤星直忠氏と森蘊氏が行った永福寺《ようふくじ》跡の考古学的な発掘調査とされている。以後、史蹟めぐり会など民間の活動による小規模な調査が行われ、資料の蓄積がはかられていたが（沢一九七二）、現在のように自治体や大学などが主体となり組織的な発掘調査を行うようになったのは戦後のことである。

しかも一九七〇年代前半まで調査対象は文献史料の比較的多い寺院跡が主であり、武家や庶民が居住していたとされる現在の市街地まで調査のおよばない時期が長く続いた。そのため、現在の鎌倉市役所（今小路西遺跡）や清泉小学校（大倉幕府跡）、清泉女学院（玉縄城跡）など、このころに未調査のまま宅地化・公共施設化されてしまった遺跡も多い。

市街地の調査が行われるようになるのは一九七〇年代後半からである。開発事業の増加とともに発掘調査件数も大幅に増え、中世都市鎌倉の様相が次第に明らかにされ始めた。

たとえば、一九七五年（昭和五十）に鎌倉郵便局建設に伴って行われた若宮大路周辺遺跡群の発掘調査は、遺構としての方形竪穴建築址が初めて確認された調査である。整地の方法も谷戸の奥とは異なる様子が確認されるなど、トレンチ調査ではあったが中世都市鎌倉研究の第一歩となった。

そのなかで、一九七八年に鎌倉市教育委員会に文化財保護課という独立の課が設置され、行政においても文化財保護の体制整備が目指された。しかし一方で大量の遺物・遺構が出土する市街地の発掘調査件数が増加したことで、さらなる「調査体制の整備、資料の有効な整理・収蔵施設の必要性等が新たな問題として急浮上した時期」でもあった。（松尾一九九五）。

一九八〇年代に入ると、さらに大規模な建物の建築が増え、広い面積を対象とする調査が相次いで行われた。一九八〇年の千葉地遺跡（現・今小路西遺跡）、一九八一年の諏訪東遺跡（現・若宮大路周辺遺跡群）、一九八三年の北条小町邸跡、一九八六年の北条時房・顕時邸跡などが代表的なものである。

これらの調査で出土した、中世の道路跡や溝、木組みの護岸をもつ若宮大路側溝など土地を区画する施設や、多数の方形竪穴建築址、整地層といった生活空間の遺構によって十三世紀から十四世紀にかけての鎌倉の市街地の様子が次第に明らかになり、当時の地割や都市計画についての検討も可能になってきた。

なかでもこの時期最大の成果は今小路西遺跡（御成小学校内）の発掘調査である。一九八四年から一九九一年（平成三）までの五次にわたる調査により、中世では十三世紀から十五世紀にわたる遺構が確認され、南北二区画の広大な武家屋敷とその周囲を取り巻く庶民

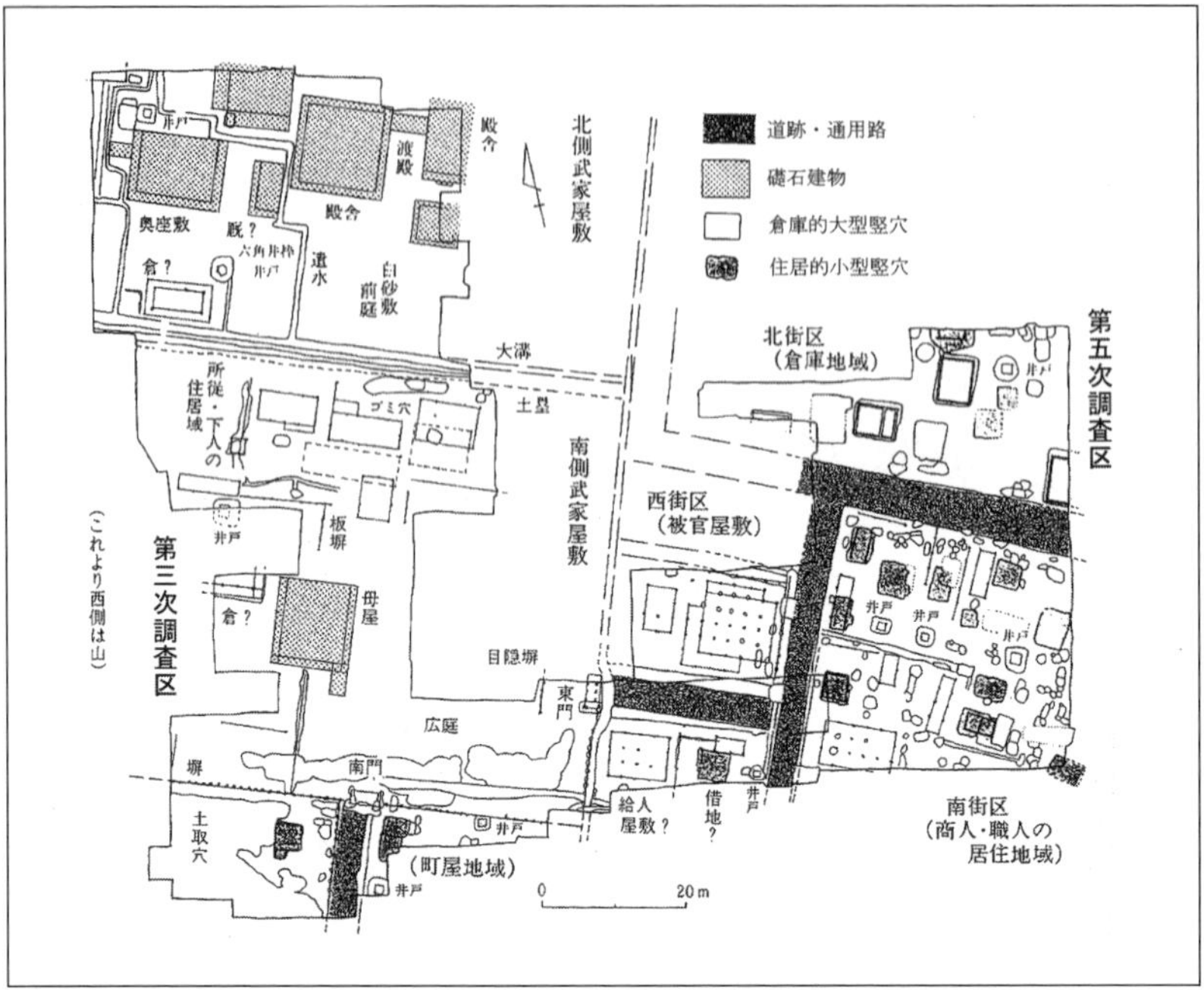

図1　今小路西遺跡（御成小学校内）鎌倉時代後期の遺構配置概念図
（河野1993を一部改変）

居住区の地割やその変遷が明らかになった（図1）。さらに下層からは鎌倉郡衙と目される古代の建物群も確認されている。総調査面積は約六〇〇〇平方メートルであり、都市鎌倉における武家と庶民の土地利用のあり方を面としてとらえることのできる貴重かつ最大の事例となった。また、この調査で「北谷三面」とされる武家屋敷から出土した遺物についての年代観は、その後の鎌倉における遺物の年代決定に影響を与えた。

一九八〇年代から一九九〇年代初頭にかけては、このように蓄積されてきた鎌倉の発掘調査成果がようやく外部へ発信され始めた時期でもある。報告書ではないが、発掘調査成果をまとめた書籍として、『中世鎌倉の発掘』（大三輪編一九八三）、『佛教藝術』一六四号（佛教藝術學會編　一九八六）、『よみがえる中世3

武士の都　鎌倉』（石井・大三輪編一九八九）などがあげられる。中世都市鎌倉の地割、社寺、市街地の居住形態、葬制、出土遺物といった各テーマについて当時の最新成果を知ることができる。

そして一九九一年には、それまでの調査成果の集大成ともいえるシンポジウム「中世都市の成立と展開―鎌倉の事例を中心として」が開催され、文献史学の成果も交えて十三世紀から十四世紀にかけての鎌倉の都市構造が復元された（鎌倉考古学研究所編　一九九四）。考古学からは、都市の広がり、都市構造、住人とその暮らし等について報告が行われている。

都市の広がりについては主に時代別の遺跡分布から人の流れが想定されており、源頼朝が鎌倉に居を構えた当初、つまり十二世紀末段階では御所が存在した鶴岡八幡宮の東側を中心に土地利用がなされていたが、十三世紀中ごろには現在の雪ノ下あたりから南へと町が広がり、十三世紀末から十四世紀になってようやく現在の海岸付近までが居住域になったとされている。

都市構造という点では、多くの場所で出土している溝や道路、柵列といった土地区画のための遺構から、公的権力の介在する都市計画が存在した可能性が想定できるとしている。具体的には、泥岩塊（土丹）による道路の舗装や、溝から出土した「一丈伊北太郎（跡）」墨書木簡（馬淵一九八五、図2）がその根拠となっている。とはいえ、市域全体の道路・溝の方向や形状が統一されているわけではなく、京都の条坊制のように強力な規制はみられないことも指摘された。さらに、区画された土地には、掘立柱建物や礎石建物以外に方形竪穴建築や板壁建物という特殊な建物が存在していることから、武士・宗教者以外に職能民・商人などの庶民が集住し、武家や寺社の土地を借りて生活を営んでいた可能性も想定されている。出土する建物遺構の種類から判断して、特に八幡宮の二の鳥居を境として南側が庶民居住地であったとされ、さらに海岸付近の浜地は倉と墓地と生産活動が行われていた場所であったと復元された。

以上は、まさに現在われわれが思い描く都市鎌倉像であり、この時期にイメージが定着したといえよう。

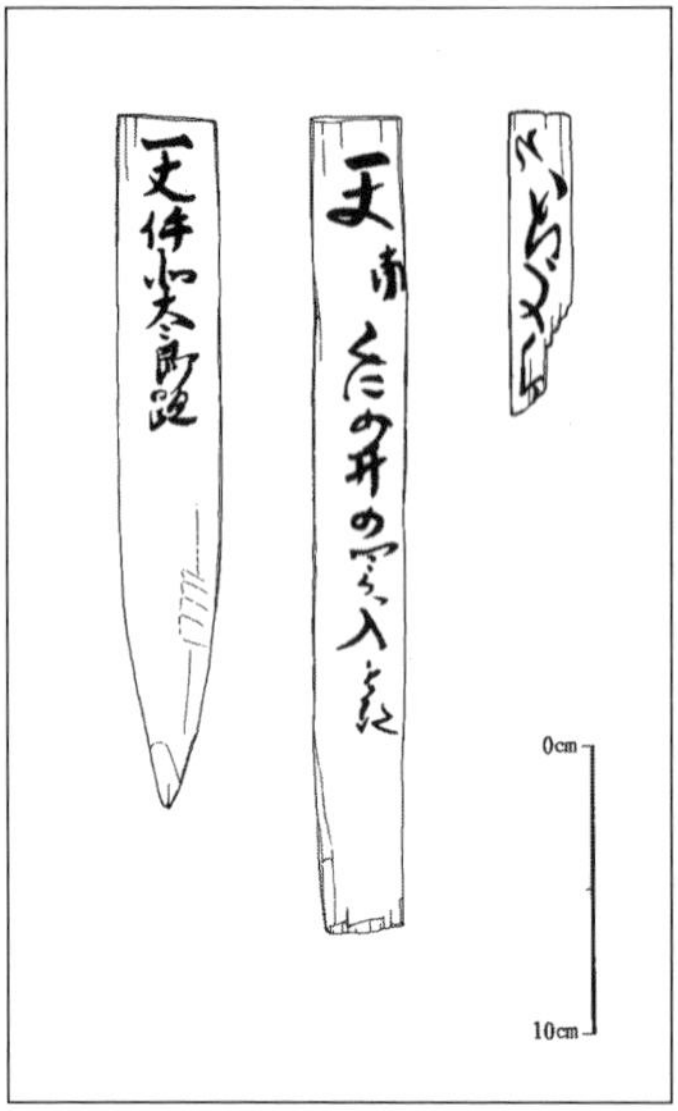
図2　北条泰時・時頼邸跡出土木簡
(馬淵1985より)

しかし、このシンポジウムにおける報告の中心は出土遺構からの検討であったため、編年など、遺物そのものの具体的な研究成果についてはほとんど触れられていない。ただ、シンポジウムで触れられなかっただけで、かわらけについては一九八〇年代から編年研究も行われている。一九八〇年に齋木秀雄氏が「鎌倉出土のかわらけ編年試案」として、いわゆるてづくねかわらけと底部回転糸切りのかわらけ四種についての出

写真１　杉本寺周辺遺跡１次調査区Ⅲ面全景
（馬淵ほか2002より）

現順を示したのを皮切りに（齋木一九八〇）、一九八六年には河野眞知郎氏の編年案が作られ、その後二〇〇〇年代に至るまで馬淵和雄氏、服部実喜氏、宗臺秀明氏らにより編年案が作成されている（馬淵一九九八、服部二〇〇二、宗臺二〇〇五など）。

なお、当該シンポジウムの前後には、今小路西遺跡（御成小学校内）ほどではないが、大規模な調査も実施されている。たとえば一九九〇年の杉本寺周辺遺跡では、十二世紀末から十三世紀中ごろにかけての大規模な掘立柱建物跡と堀が検出され、鎌倉時代初期における御所周辺の土地利用を復元するうえで重要な成果が得られた（写真1）。一九九一年に行われた佐助ヶ谷《さすけがやつ》遺跡の調査では、職人が用いたと考えられる各種木製の道具や、板壁建物といわれる建造物が確認され、都市住人の暮らし方や生業にかかわる資料が得られたほか、一九九五年に行われた由比ヶ浜南遺跡の調査では、墓地と方形竪穴建築址が広がる浜の様子が明らかになるなど、いずれも貴重な成果が得られている。この間、一九九三年からは中世都市研究会が開催されるようになり、考古学・文献・建築などの各分野の研究者が協同して中世都市の研究を行う地盤もできた。

その中世都市研究会の第一〇回大会は二〇〇二年に鎌倉で開催されている。河野眞知郎氏による「政権都市「鎌倉」―考古学的研究のこの十年―」と題した報告では、先述のシンポジウム開催後の一〇年における鎌倉の考古学的研究の到達点と今後の研究課題について「都市の広さ」「政権中枢の場」「武士の集住」「権力者による社寺造営」「墓葬と被葬者」「物資流通と都市生活」という六つの観点から以下のように示された（河野二〇〇四）。

「都市の広さ」と「政権中枢の場」については一〇年前の認識にほとんど変化がないとされた。前者については、世界遺産登録を目指すなかで鎌倉を取り巻く山稜部の調査も実施されたものの、確認された遺構は年代決定の決め手に欠け、評価が難しいことが指摘された。後者については、御所そのものの調査は実施されていないが、近隣で鎌倉初期の建物跡が出土する事例は増加しており、今後はその系譜についてさらに検討する必要があるとした。

「武士の集住」については、二〇〇一年（平成十三）に再発見された「浄光明寺敷地絵図」に描かれた屋地の様子や若宮大路周辺遺跡群における調査成果から、権力に連なる高級武士団以外の武士は、狭い敷地いっぱいに掘立柱建物を建てて居住していた可能性を指摘している。

「権力者による社寺造営」については、永福寺の経塚や東勝寺《とうしょうじ》跡など、文献に残る寺院跡の調査が実施されたことをあげ、なかでも大仏の鋳造方法と覆屋の規模が解明されたことが最大の成果であるとしている（鎌倉市教育委員会二〇〇二）。しかし、大仏殿の造営主体は考古学的には不明であり、文献の成果を待たなければならないとした。「墓葬と被葬者」については、やぐらと浜地の調査事例が増え、その変遷なども明らかになってきたが、今後は被葬者がどのような者であったかについても考えていく必要があるとし、「物資流通と都市生活」については、方形竪穴建築とその土地の管理や権利について考古学からも言及できるようになったが、今後は流通と権力の関係も考えていく必要があるとした。

これら六つの指摘から、鎌倉研究における考古学的な研究の可能性と限界が改めて明らかにされるとともに、学際的研究の重要性、そしてこれからの研究方針が示されたのである。

二　現状と課題の所在

では、前述の河野氏の報告から一〇年を経た現在、当時の課題に関する研究はどこまで進んだのであろうか。現在も個別の発掘調査では数多くの興味深い成果が得られており、それらをもとにした研究成果も発表されているため、二〇〇二年に河野氏のあげたテーマに沿って、それぞれみていきたい。

まず「都市の広さ」については、輸入陶磁器など特定の遺物の出土分布から都市の範囲を規定する研究（齋木二〇〇四、鈴木二〇一二）と、中世木組み側溝の存在とその形状が当時の鎌倉の街区の性格を理解する一つの指標になり得るとする研究（宇都二〇一〇）が行われている。しかしなにをもって「都市」とするかにより、その範囲は自ずと変わってこよう。

「政権中枢の場」については、現在も幕府そのものを示す調査成果は得られていないが、大倉幕府推定域の南東にあたる荏柄天神社の参道脇で二〇一二年に行われた大倉幕府周辺遺跡群の調査では、中世の井戸から十二世紀末の所産とされるかわらけの一括廃棄資料が出土している。幕府推定域近隣における鎌倉時代初期の土地利用のあり方を知るうえで重要な資料であるとともに、鎌倉のかわらけ編年においても、資料の少ない時期を埋める可能性のある貴重な検討材料となった（有限会社鎌倉遺跡調査会二〇一二）。大倉幕府については、推定地の学術調査を実施すべしという声もあるが、幕府推定地の当時の標高は現地表面より三メートル以上低いと考えられ、通常の発掘調査で到達することは難しい。やみくもに調査して幕府跡を検出できる保証はなく、まずは文献史学と協同で幕府の位置や構造等について検討するところから始めなければならない。

「武士の集住」については、考古資料からも土地の管理者と借地人といった重層的な土地の権利体系の存在が見出せることが示されつつある（鈴木二〇〇六・二〇〇七・二〇一一・二〇一三）。そのほか、二〇〇八年に実施された今小路西遺跡の調査では、数時期にわたって重なる中世武家屋敷の跡が検出され、途中の整地層から武士の名前が記された墨書木札が出土し注目を集めた。武士の名前から、調査地点と安達氏とのかかわりも想定されている（菊川ほか二〇〇八、特定非営利活動法人鎌倉考古学研究所・鎌倉市教育委員会二〇〇八：図3）。

「墓葬と被葬者」については、やぐらや石塔の立地と性格に関する検討が多く行われ、一定の成果が得られている（鈴木二〇〇九、松葉二〇〇八、古田土二〇一二など）。あわせて、浜地やそれ以外の場所に営まれた墓の様相についても、立地や被葬者の変遷が十五世紀まで明らかにされており（富永二〇一三、松葉二〇一三）、研究が進展した分野といえよう。

「物資流通と都市生活」については、二〇〇七年における若宮大路周辺遺跡群の調査成果が重要な成果の一つとしてあげられる。部材の残存状況が良好な方形竪穴建築址が多数検出された調査であり、そのうちの一基は建物の床下にあたる部分から使用痕跡のない青磁碗多数がまとまって出土した（写真2）。当該遺構の用途については以前からさまざまな見解があったが、倉庫とする説に有力な証拠となった。また、実際の保管物が明らかとなり、用途だけでなく管理者や経営者の性格についても検討可能な材料となっている。

なお「権力者による社寺造営」についての新たな研究成果は発表されていない。

さて、以上のように概観すると、この一〇年で考古学的な研究が進んだ分野は葬送と方形竪穴建築址についてということになるであろう。

しかしながら、上述のように発掘調査による資料の蓄積、個別の考古学的見地からの研

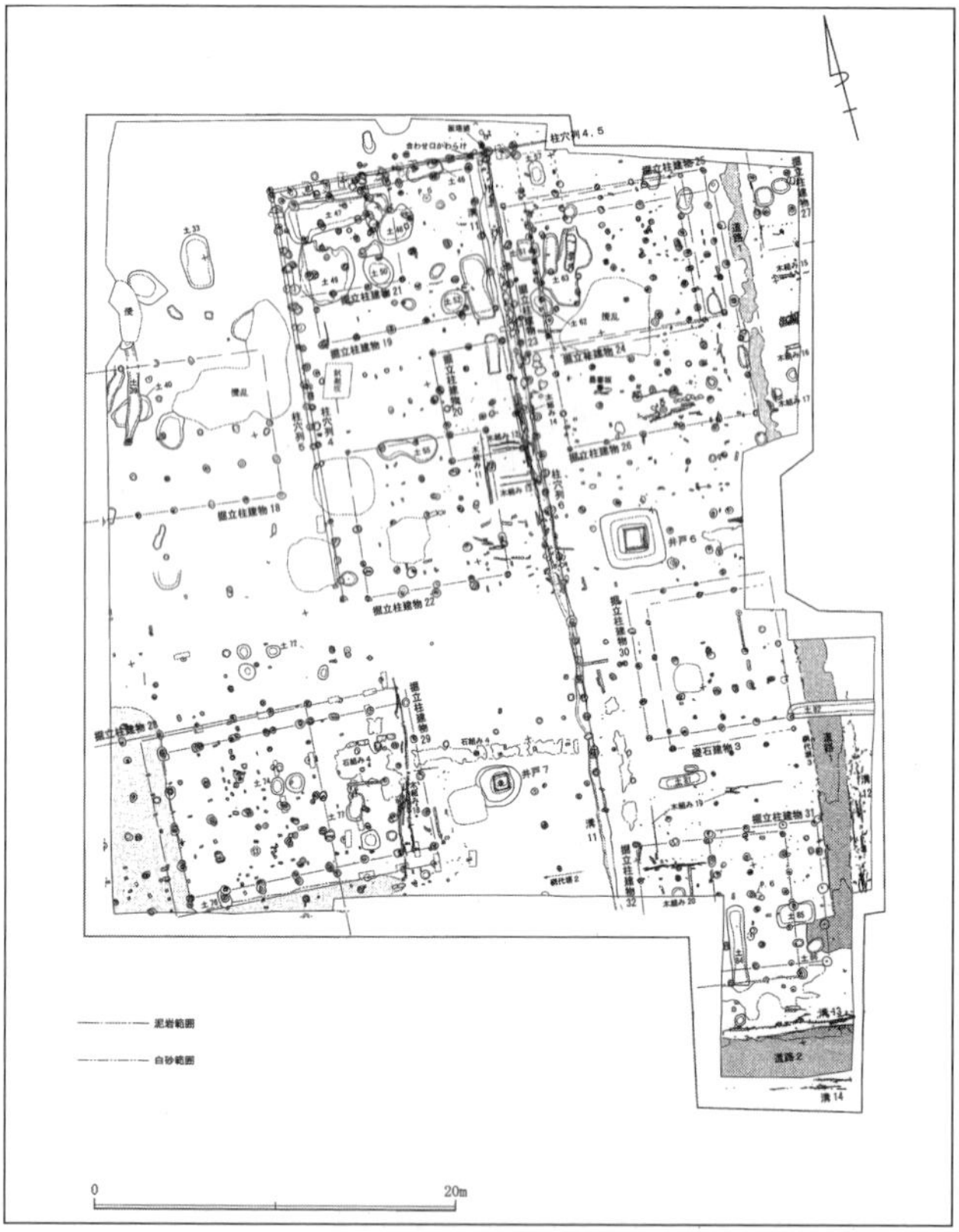

図3　今小路西遺跡　第3面全体図（菊川ほか2008より）

写真2　若宮大路周辺遺跡群　方形竪穴建築址青磁碗出土状態（鎌倉市教育委員会）

究は行われているものの、一九八〇年代後半から一九九〇年代にかけて活発に行われた、鎌倉の発掘調査成果から都市像を描き出そうとするような研究会やシンポジウムの開催、最新の考古学的な成果をもとにした一般向けの概説書などの刊行は減っている。

数少ない事例として、中世鎌倉の都市と武家文化について紹介した『武家の古都・鎌倉の文化財』が二〇一一年に刊行されている。しかし、考古学の分野からも都市の構造等について記されているものの、残念ながら例示されている発掘調査成果の多くは一九九〇年代までの発掘調査成果であり、結局、考古学的成果から現在われわれが想起できる都市鎌倉の景観は、一九九〇年代に提示された十三世紀から十四世紀にかけての都市鎌倉像を脱していないようにみえるのである。

裏を返せば、この二〇年間でそのイメージに大幅な変更を迫るような事実が現れていないということでもあり、当時の中世鎌倉像は大枠で正しいともいえる。ただ、新規に発表される資料や研究成果がその追認ばかりでは、研究の停滞ととらえられかねない。今後はこれまでの資料の蓄積を利用し、視野を広げた都市鎌倉研究が必要なのではないだろうか。そのために解決を目指すべきいくつかの課題があるが、河野氏が二〇〇二年のシンポジウムで提示した一〇年来の課題については前述したので、それ以外の課題についてあげておきたい。

一点目は、十二世紀以前と十五世紀以後の鎌倉について、考古学的見地からの研究が十分ではないことである。たしかに鎌倉の地下を発掘することで最も密度が高く出土するのは十三世紀から十四世紀に比定される遺物・遺構群であり、その時代幅のなかで鎌倉を復元しようとする研究が多いのは当然である。しかし、それだけでは考古学から復元できるのは前後の歴史から切り離された都市鎌倉となりはしないだろうか。

現在、十三世紀から十四世紀に比して少ないながらも、十五世紀以降の調査事例も増えている。最近では公方屋敷跡を中心とする浄明寺地区や、武蔵大路周辺遺跡・法泉寺跡など扇ガ谷地区での発掘調査において、当該期の建物跡や石積み遺構など実際の遺構が検出されている（写真3）。遺物の出土のみをみれば、事例はさらに増える。

写真3　扇ガ谷法泉寺跡　石積み（鎌倉市教育委員会）

前述のとおり、葬送については十五世紀ごろまでの変遷が検討されており、浜地の土地利用についても十五世紀まで方形竪穴建築が存続していたとされているので（鈴木二〇一二）、それ以外の要素についてこれまでの調査成果を今一度精査することで、十五世紀以降の都市鎌倉の変化をより詳細に復元できるのではないだろうか。
一方、源頼朝入府前後の鎌倉については、馬淵氏による検討も行われてはいるものの（馬淵二〇〇四）、その段階では事例が少なく全体像を描き出すまでには至っていない。その後一〇年経過したなかで、とくに大倉幕府周辺において当該期と見なすことのできる資料も若干ではあるが増加しているため、より詳細な検討が可能かもしれない。最も栄えたとされる時代の前後に断絶があるのか、ないのか。都市鎌倉の成立と繁栄・衰退の様子を明らかにするだけではなく、「都市とは何か」という問いにもかかわる重要な研究課題である。

ただし、時代ごとの変遷を考古学的に追うためには、時間軸の基本となる出土遺物の編年を確立する必要がある。それが二点目の課題である。

鎌倉は消費地として、東海地方および大陸などから大量の陶磁器類が搬入されている。それらの編年は生産地での編年と消費地での出土状況から、ある程度信頼あるものとして受け入れられている。鎌倉においてもそれらの編年に依拠することで遺跡の年代が決定する場合も多い。しかし、鎌倉で最も出土量が多いのは在地で作られたかわらけである。製作されてから廃棄されるまでの時間も短いと考えられるため、遺構の埋没年代を知るには最も有効な遺物である。

かわらけの編年研究は、先述のように一九八〇年代から行われており、形と層位をもとにした相対編年については確立したものの、与えられる年代観は研究者によって異なっている。互いの不整合を克服する営みも活発には行われておらず、統一した時間軸としての編年が確立できないまま現在に至っている。

鎌倉で出土するかわらけは、その製作技法・形状により大きく二つのタイプに分けられる。成形時にろくろを用いない「てづくね」かわらけと、ろくろを使用し底部に糸切り痕が残るかわらけである。後者はさらに、器壁が比較的厚手で浅い形のものと、薄手で丸く深いもの（いわゆる「薄手丸深」型）に分けられ、時代が下ると、器壁が厚く体部が直線的に開く形状のものが現れるとされる。

各タイプの出現・消滅と年代観について、代表的なかわらけ編年（それぞれ編年Ａ：河野氏、編年Ｂ：宗臺氏、編年Ｃ：馬淵氏による）を比較したものが表1である。これを見ると、各タイプの出現順についてはいずれの編年も同じであり、相対的な序列はどの研究者も認識を一にしていることがわかる。問題は、それらの出現・消滅の時期であり、てづくねかわらけの出現・消滅の時期、「薄手丸深」型における大・中・小三サイズのセットが出現・確立・消滅する時期について、それぞれ異なった見解となっていることが読み取れよう。これにより、かわらけのセット関係が定まらない時期が発生しているのである。

原因の一つには、かわらけ編年の年代的根拠となった、今小路西遺跡（御成小学校）北谷三面出土の舶載磁器と新安沈没船の資料をめぐる年代観の相違があろう（馬淵二〇〇一）。

このような状況のなか、「誰々の編年に依った」と明記されないまま、出土したかわらけの年代が記載されている報告書も多く刊行されており、実に曖昧な状態で資料のみが蓄積されているといえる。今後の鎌倉研究においては重大な問題であり、今後解決を目指すべき一番の課題である。

なお、かわらけ編年においても十二世紀と十五世紀の様相はいまだ詳細には明らかになっていない。十二世紀についてはまとまった出土例が少ないために不明であり、十五世紀代においては、服部氏・宗臺氏らによる編年案により、形態的な判別は可能であるが、

	編年A（河野2005より）	編年B（宗臺2005より）	編年C（馬淵1998より）
12世紀　第1四半期			
第2			
第3			てづくね出現 1150頃
第4	てづくね出現 1180頃	てづくね出現 1191頃	底部糸切りは皿形に
13世紀　第1		底部糸切り皿形の出現 12世紀末から 13世紀第1四半期	底部糸切 皿系への一系化
第2			てづくね 1250以降は消滅
第3	てづくね 13世紀を出ることなく消滅	てづくね 13世紀中頃以降減少	
第4	「薄手丸深」系 13世紀末から出現	「薄手丸深型の登場」、確立 1280頃～1327	大中小セット確立
14世紀　第1		大中小セット出現	
第2	大中小セット確立		
第3			薄手深皿の消滅と中世後期型の成立
第4		「薄手丸深」型最末期	
15世紀　第1	「薄手丸深」系 15世紀初頭まで		容量の多様化
第2			

←―― てづくね
←－ － － 厚手で浅い底部糸切り
←･･････ 薄手で深い底部糸切り

セット関係があいまいになってしまっている時期
1. てづくねの出現
2. てづくねの消滅と大中小セットの確立
3. いわゆる「薄手丸深」型の存続

表1　代表的なかわらけ編年の比較表

やはり検討に用いた資料が少なく具体的な変遷を検証できないまま現在に至っている。しかし、先述のようにこの一〇年で当該期と考えられる資料は確実に増加している。年代観も含めた編年を見直す好機であり、より確かで幅広い編年の構築が期待される。

三点目の課題は、確立してしまっているようにみえる十三世紀から十四世紀にかけての都市鎌倉の土地利用の変遷をより細かく見直すことである。

これまで鎌倉における遺跡の変遷は十三世紀の前半、後半というように約五〇年単位で語られてきた。しかし現在、国産陶器については約二五年単位での編年が組まれており、出土状況によってはより細かく変化が追えるはずである。

文献史学と異なる考古学の強みの一つは、

調査地点の土地の使われ方の変遷について順を追って明らかにすることができる点である。たとえ小面積の調査であっても、上層から丹念に記録を取りながら調査することで、その場所の土地利用変遷について明らかにすることができる。

図4　由比ヶ浜中世集団墓地遺跡上層遺構（原1993を一部改変）

そのために重要なのが、遺物の出土状況や接合状況、遺構の切り合い関係に着目し、遺跡が形成された過程について後に復元できるような記録を取ることである。浜地の方形竪穴建築址を例にとれば、報告書の平面図にあるように多数の建物が切り合っている様子はまるで同時期に多数の建物が密集していたかのようにみえる（図4）。しかし多くの場合は遺跡の最終的な段階、言い換えればその場所に方形竪穴建築が建てられてから全てが廃絶するまでの累積の結果が表されている。もちろん累積も重要であるが、考古学的視点からは、同時期に存在する建物を可能な限り抽出・分類し、その変遷を記録することが求められる。土地利用の「結果」を見ることも大切ではあるが、その「過程」を見ることにより、その場所における土地利用の変遷が明らかとなる。考古学的手法はそれが可能なはずであり、緻密な検討を行った事例の集積によって成し遂げられるのである。

以上三点のうち、二点目と三点目は考古学的な調査・研究の基本的な手続きの問題であり、鎌倉の考古学も一度そこへ立ち返る必要があると考える。

立ち返るという点では、過去の調査成果を再度見直す必要についても言及しておきたい。それを四点目とする。今回、詳細については触れられなかったが、組織的な発掘調査が行われる以前の一九六〇年代までに記録された調査資料は、大規模開発がおよぶ前の鎌倉の地形や遺跡分布を知るうえで貴重な資料でもあり、調査地点の現状把握と、資料の散逸防止は急務である。

その好例は一九五〇年代に行われた人骨の調査成果である。考古学というより人類学的視点からの調査であるが、材木座と極楽寺周辺で行われているものである（鈴木一九五六）。小規模な学術調査が中心の時代であり、資料の公表や保管は個人的な努力に負う部分が多かったことも影響しているのであろうが、極楽寺周辺出土の人骨については調査位置や出土量等の資料は公式に発表されていない。

これまで、考古学から極楽寺地区の歴史を語ることのできる資料は、稲村ヶ崎小学校のグラウンドで検出された基壇や瓦、仏法寺跡など寺院関係のものが大半であった。そこに人骨の出土位置や出土状況のわかる資料が加われば、由比ヶ浜や長谷の浜地と同様、庶民の活動も明らかにできるかもしれない（齋木二〇〇六）。新たな都市鎌倉像を描き出すためには、過去の調査資料の再検討も大切なのである。

五点目として、行政的課題についても触れておく。発掘調査体制および、収蔵・展示施設の不備である。これは一九七〇年代には既に認識されていたにもかかわらず、現在も解決されていない重要な課題である。

これまで蓄積されてきた中世都市鎌倉の考古資料は、そのほとんどが緊急発掘調査の成果に依っている。そしてその調査は、埋蔵文化財が「国民共有の財産」であるという前提のもと、事業主に経済的・時間的協力を求めて行われているものである。つまり、調査成果が研究資料として充分な記録として残されるには、調査者の努力だけでなく、市民の協力が不可欠なのである。

当然その成果は、出土品の展示などを通じて市民へ還元されるべきである。それにより、市民の鎌倉の遺跡に対する理解も深まり、後世へ守り伝えようとする意識も生まれるはずである。しかし、現在、市内に出土品の展示施設もなく、これまでの発掘調査の成果やそれによって中世都市鎌倉の研究がどれだけ進展したのかについて知る市民は多くはない。それはひとえに、行政が上記課題の解決を怠ってきた結果といえよう。これでは市民の協力を得ることも難しい。市の体制は一見、中世都市研究の進展とは無関係にみえて、実は密接に関係しているのである。この課題の解決なくして中世都市鎌倉の研究の発展は望めまい。

おわりに

課題ばかりを述べたが、最後に中世都市研究における考古学の可能性と展望をまとめて終わりとしたい。

使い古されてきた言い方かもしれないが、考古学は文献に記されない歴史を明らかにすることができるという特徴がある。武士であろうと庶民であろうと、その生活の痕跡が地下に残ってさえいれば、分け隔てなく調査対象となりうるのであり、さまざまな人が集住する都市の様子を明らかにするには最も適した手段である。

実際に、中世都市鎌倉の復元にはその特徴が生かされてきた。しかしこれまでの研究は、面積の広い調査に頼っていた面があったように思う。

現在、鎌倉市内で行われる発掘調査は個人住宅の建設に伴う小規模なものが大半を占めている。一地点の調査でわかることは限られているかもしれないが、地点ごとの土地利用変遷についてしっかりと考古学的な記録を残せば、のちに蓄積された資料を丹念につなぎ合わせていくことで、これまでとは異なる視点から都市鎌倉の様子が見えるようになるはずである。そのために、まず純粋な考古学的手法に立ち返った調査・研究を行い、「考古学からは何が言えるのか」を明らかにし、できるだけわかりやすく、研究者のみならず市民へも還元していくことが求められている。

【引用・参考文献】

石井　進・大三輪龍彦編『よみがえる中世3　武士の都　鎌倉』平凡社　一九八九年
宇都洋平「木組み側溝から見た鎌倉遺跡群の区画」『都市を区切る』中世都市研究15号　中世都市研究会編　二〇一〇年
大三輪龍彦「基調講演　新発見の建武年間浄光明寺敷地絵図」『政権都市』中世都市研究9号　中世都市研究会編　二〇〇四年
大三輪龍彦編『中世鎌倉の発掘』有隣堂　一九八三年
鎌倉考古学研究所編『中世都市鎌倉を掘る』日本エディタースクール出版部　一九九四年
河野眞知郎『神奈川県鎌倉市今小路西遺跡（御成小学校内）第五次発掘調査概報』今小路西遺跡調査団編　鎌倉市教育委員会　一九九三年
河野眞知郎「政権都市「鎌倉」――考古学的研究のこの十年――」『政権都市 中世都市研究九』中世都市研究会編　新人物往来社　二〇〇四年
菊川英政、長澤保崇、田端衣理、宗臺富貴子『今小路西遺跡（№２０１）発掘調査報告書――御成町１７１番1外地点――』　二〇〇八年
古田土俊一「中世前期鎌倉における五輪塔の様相」『考古論叢神奈河』第20集　神奈川県考古学会　二〇一二年
五味文彦監修『武家の古都・鎌倉の文化財』角川学芸出版　二〇一一年

齋木秀雄「鎌倉出土のかわらけ編年試案」『鎌倉考古』1　鎌倉考古学研究所　一九八〇年
齋木秀雄「極楽寺地区の発掘調査」『シンポジウム　中世都市鎌倉と極楽寺　予稿集』中世鎌倉研究会　二〇〇六年
沢　寿郎『鎌倉―鎌倉史蹟めぐり会記録―』鎌倉文化研究会　一九七二年
宗臺秀明「鎌倉（中世鎌倉出土の土器・陶磁器）」『全国シンポジウム　中世窯業の諸相～生産技術の展開と編年～』全国シンポジウム「中世窯業の諸相～生産技術の展開と編年～」実行委員会　二〇〇五年
鈴木弘太「中世「竪穴建物」の検討―都市鎌倉を中心として―」『日本考古学』第21号　二〇〇六年
鈴木弘太「中世鎌倉における「浜地」と「町屋」―土地利用法から探る都市の変容―」二〇〇七年
鈴木弘太「『浄光明寺敷地絵図』からみる鎌倉の「町屋」」『文化財学雑誌』第4号　鶴見大学文化財学会　二〇〇八年
鈴木弘太「中世鎌倉の倉庫―竪穴建物を中心として―」『考古学と中世史研究8　中世人のたからもの―蔵があらわす権力と富―』小野正敏・五味文彦・萩原三雄編　高志書院　二〇一一年
鈴木　尚『鎌倉材木座発見の中世遺跡とその人骨』岩波書店　一九五六年
鈴木庸一郎「「谷」のやぐら、「山」のやぐら」『神奈川考古』第45号　神奈川考古同人会　二〇〇九年
特定非営利活動法人鎌倉考古学研究所・鎌倉市教育委員会『第18回　鎌倉市遺跡調査・研究発表会発表要旨』二〇〇八年
冨永樹之「鎌倉市域における中世の火葬墓、土葬墓―やぐら、砂丘地埋葬以外の様相―」『青山考古』第29号　二〇一三年
原　廣志「由比ヶ浜中世集団墓地遺跡」『鎌倉市埋蔵文化財緊急調査報告書』9　第1分冊　鎌倉

市教育委員会　一九九三年
服部実喜「南武蔵・相模における中世の食器様相（5）」『神奈川考古』第34号　神奈川考古同人会　一九九八年
服部実喜「鎌倉と周辺地域における南北朝・室町期の土器・陶磁器」『中近世土器の基礎研究 XVI』日本中世土器研究会編　二〇〇二年
福田　誠『神奈川県鎌倉市　鎌倉大仏周辺発掘調査報告書』鎌倉市教育委員会　二〇〇二年
佛教藝術學會編『佛教藝術』164号「特集　鎌倉の発掘」毎日新聞社　一九八六年
松尾宣方「刊行にあたって」『集成　鎌倉の発掘』第1巻　鎌倉市教育委員会・鎌倉考古学研究所編　新人物往来社　一九九五年
松葉　崇「鎌倉におけるやぐらへの葬送―火葬骨・非火葬骨の出土事例から―」『神奈川考古』第四四号　神奈川考古同人会　二〇〇八年
松葉　崇「中世都市鎌倉に見る砂丘地の葬送」『青山考古』第29号　二〇一三年
馬淵和雄『北条泰時・時頼邸跡　雪ノ下一丁目371番-1地点発掘調査報告書』鎌倉市教育委員会　一九八五年
馬淵和雄『鎌倉大仏の中世史』新人物往来社　一九九八年
馬淵和雄「鎌倉・今小路西（御成小学校内）・北谷3面焼土層下」『季刊　考古学』第75号　雄山閣　二〇〇一年
馬淵和雄、岡陽一郎、鍛冶屋勝二、松原康子『杉本寺周辺遺跡』鎌倉市教育委員会　二〇〇二年
馬淵和雄「中世都市鎌倉成立前史」『中世都市鎌倉の実像と境界』五味文彦・馬淵和雄編　高志書院　二〇〇四年
馬淵和雄「やぐらの展開に見る葬地の変容―横浜市上行寺東遺跡やぐら群の展開を中心に―」『青山考古』第29号　二〇一三年
有限会社鎌倉遺跡調査会『鎌倉草創のかわらけ検討会資料』二〇一二年

モノが裏づける鎌倉の文献史

古川 元也

はじめに

中世都市鎌倉が「武家の古都・鎌倉」として文化庁による世界遺産推薦リストに正式に登録された平成二十四年（二〇一二）秋、世界遺産への登録推進事業として、神奈川県立歴史博物館・同金沢文庫・鎌倉国宝館（鎌倉市）の三館連携による企画展示「武家の古都・鎌倉」展を開催した。(1) 世界遺産にふさわしいかの認定は、専らユネスコの基準でなされ、遺跡や遺構といった外形的な有形文化財が重要な構成要素とされるが、中世都市鎌倉の特色は、南宋の影響を摂取した東国政権が生み出した建築や宗教、それに付随する絵画や彫刻、典籍、古文書といった文物に実質的に顕現しているのである。いわば日本の文化財に特有の、持続的な継承を通じた脆弱文化財の伝来を特色とするのであり、中世都市鎌倉が内包し醸成した文化財に優れた作品が多く残されている。(2) 展示では、鎌倉が生み出した文物を可能な限り一堂に会し、実見してもらい、このような文化財を生み出した場を再認識してもらうとともに、中世都市鎌倉の重要性を理解してもらうことを主眼とした。多岐にわたる文物、いわゆる美術品、歴史史料、考古資料といった性質の違う文化財を、同列に陳列する方策が三館連携展示であったわけである。

展示を通じて見えてきたのは、鎌倉の生み出した資（史）料の豊富さである。畿内に較べれば少ないかもしれないが、中世都市としては格段に多くの文化財を醸成しており、都市化による開発をうけて、現在も考古資料は発見されて増加の一途をたどっている。古都鎌倉の研究自体も歴史は古く、在野の歴史家によるものも豊富で、今後これら研究史の再検証までを視野に入れれば、研究の未来は明るい。史料的には限界のある文献史による歴史像を、資（史）料の再検証、モノ資料の見直し、新たな資料の分析などによってどの程度まで深化できるかが鎌倉研究の未来を決定づける。モノが残る鎌倉で、それを大切にする研究、組織、施設の充実と周囲の理解が求められているのである。

一　鎌倉研究の黎明と充実

鎌倉研究の特徴は、鎌倉という場に対する知的な興味が比較的古くからみられることである。鎌倉は鎌倉府が衰退した後も、寺院が独自に存続し、以降も幕府所在故地として尊崇され、戦火を被ることがなく資（史）料は比較的残されている。武家政権への関心から地誌も編まれ、鎌倉研究の素地形成は古い。いわゆる地誌の時代とでもいうべき研究の濫觴期には、『新編鎌倉志』（貞享二年〈一六八五〉）、『鎌倉攬勝考』（文政十二年〈一八二九〉）、『新編相模国風土記稿』（天保十二年〈一八四一〉）が成立し、鎌倉を中心に、江ノ島、六浦を含む領域を考究している。時代的限界もあり、地誌による言及は史跡の表面的な歴史説明である点は否めない。

近代に入り、鎌倉の都市化が進むと、地中遺物の表面採集や軽微な発掘や観察をする考古学的探求を触発した。なかでも著名なのは、赤星直忠（敬称略、以下同様）による永福寺跡等の発掘調査（昭和六年〜）であり、この成果は研究ノート、論文として現在でもなお有益である。鎌倉の貿易陶磁研究では三上次男の、材木座遺跡の人骨研究では鈴木尚らの学術発掘も行われている。また、在野の史家による鎌倉の探求も看過できず、国宝史蹟研究会を主宰した八幡義生らによる史蹟観察とその会誌、研究資料には貴重な情報も多い。

戦後には開発行為に伴う遺跡の破壊が増加し、特に昭和三十年代には大規模な宅地造成が開始されている。ここには開発行為により新資料が発見されているという不条理があり、考古資料による実証的な鎌倉研究の始まりは、本来的に開発と背中合わせであった。昭和四十六年（一九七一）、鎌倉市教育委員会に文化財担当係が設置されたが、大蔵幕府跡、玉縄城跡など貴重な遺跡が調査をへることなく破壊された。その後、昭和五十五年に鎌倉考古学研究所が有志により発足している。

戦後の高度経済成長期には史料調査と、史料集の編纂も相次いで行われた。これらの史料編纂は行政主体のものであり、高柳光壽、貫達人、川副武胤、佐脇栄智らによる『鎌倉市史』（昭和三十一年〜）はその先駆的業績である。主要な寺院の寺史としては、玉村竹二、井上禅定による『円覚寺史』（昭和三十九年十二月）が先駆的なものとして著名であり、貫達人、澤壽郎、松下隆章、古田紹欽らの研究に影響を与えている。また、貫達人編で神奈川県教育委員会による『改訂新編相州古文書』（昭和四十年〜四十五年）、鎌倉市教育委員会による『鎌倉近世史料』（昭和四十二年〜平成十年）、神奈川県県民部県史編集室による『神奈川県史』（昭和四十五年〜五十八年）、鶴岡八幡宮社務所編『鶴岡叢書』（昭和五十一年〜平成三年）、鎌倉国宝館編・発行の『鎌倉志料』（平成三年〜）などが刊行され、あわせて『神奈川県古文書資料所在目録』（神奈川県立公文書館・同文化資料館編、発行、昭和五十四年〜）、『鎌倉市文化財総合目録　古文書・典籍・民俗篇』（鎌倉市教育委員会、昭和六十年三月）などが編纂されたことにより、文献史料による鎌倉研究の基礎資料が広く提供され、研究の利便性が向上した。

公＝行政や主要寺社が主体となって史書を編纂し、史料的な裏付けを基に地域を明らかにするという方向性を示した意味で、中世都市鎌倉は全国的にも重要な役割を果たしたといえる。これら、鎌倉研究黎明期の充実によって、考古資料の意味を史料で裏打ちし、一方では史料的空白を考古資料で埋めるという方法が確立してゆくことになったのである。

二　モノが裏づける文献史

1．記録された青磁―仏日庵公物目録―

中世都市鎌倉がどの程度富の集積と消費を行い、他の地域と比較して際立っていたかを明らかにすることは、都市としての性質を考えるうえで避けて通ることはできない(3)。とくに鎌倉には南宋の影響を直接受容していると思われる、彫刻や建築様式が摂取されていると従来からいわれており、その実態を正確に分析してゆくことは重要である。その点、物証が直接検証できる考古資料は雄弁であって、都市化＝開発に伴い増加の一途をたどる考古資料は従来の史料解釈に再考を促すことになる。

考古学、美術史学でしばしば傍証として用いられる「仏日庵公物目録」（以下「目録」とも記す）の事例をあげよう。[4] この目録は鎌倉瑞鹿山円覚寺の塔頭仏日庵の什物目録で、中世都市鎌倉の寺院内部に管理されていた公物を記録する点でつとに知られ、引用も多い。実際には、列記された文物が唐物の事例として断片的に用いられるものの、史料自体の性質や、成立過程には不明な点も多い。そこで、文物の事例として青磁を取り上げ、史料としての「仏日庵公物目録」の限界と可能性について再考する。[5]

「仏日庵公物目録」は現状では全一巻、墨付十三紙からなっている（図1）。奥書によれば、元応二年（一三二〇）に存在した目録をもとに、僧「法清」が現物と校合、調査・勘考して、貞治二年（一三六三）に作成したという。鎌倉幕府北条氏による庇護の下、寺院に集積された唐物が、次代には礼物、賄賂等に用いられたが、「目録」は合点等でその勘考を記し、あわせて什宝の相承を考慮して作成されたものである。[6]

「目録」の記載が厳格な階層性をもっていることはすでに指摘しているが、[7] その記載中における青磁の位置はどのようなものであろうか。「目録」は大分類として①「諸祖頂相」（二行、行数は図1参照）、②「応化賢聖」（二四行）、③「絵分」（二九行）、④「墨跡」（四〇行）、⑤「法衣箱籠二合内」（七四行）、⑥「細々具足」（七九行）、⑦「三所佛前御具足」（一一〇行）、⑧「預承仕細々具足」（一一九行）を区分し、青磁がみられるのは⑥⑦区分のみである。区分⑥「細々具足」には「在宝蔵」と注記があり、⑧の「預承仕細々具足」にも「以上小宝蔵入之」とあるのと共通するので、寺内には恒常的には宝蔵に格納されている什物が当然に存在したことが推測できる。一方、区分⑦「三所仏前御具足」に含まれる青磁も多く、本堂分、弥勒堂分、観音堂分の三所仏前に「具足」として、それぞれ「青磁花瓶香呂一對」（一一二、一一五、一一七行）が承仕管理のもと、実際に配置されていたようである。青磁は高価な荘厳具であると同時に使用される器物なのであり、「盗人破損畢、／仍被移寶藏花瓶香呂了」（一一七行）、「一對無帯／一ヶ破」（八六行）の記述が示すように破損による滅失もあった。区分⑥の「青磁花瓶一具」（八〇行）が抹消されていることも、勘考の際の滅失を示している。青磁は細々具足に分類される、消費される荘厳具として扱われており、宝蔵に入れずに仏前の具足として恒常的に用いられるという性質を帯びていたことがわかる。

記録されたという意味では、描かれた青磁も視野に入れたい。よく知られている「慕帰絵」（十四世紀）の描写のみならず、中世の絵画作品には青緑色の青磁が多く描かれている。いずれも実際に使用されている器物を描くが、中世人が所有する財を誇示するためにのみ用いるかといえばそうではあるまい。秘蔵を指向する中世人には蔵するという選択肢もあったはずであり、先述した「仏日庵公物目録」ではその使い分けがなされていた。広義の威信財である唐物が、当該期の絵画作品に全種類描写されるわけではなく、描かれた青磁は、威信財であると同時に、使用された唐物であることを示しているのである。「目録」に関する限り、青磁は秘計（賄賂）として贈答の対象にもならず、第一義的には使用される寺内什器としての位置づけが与えられていた。出土する青磁[8]、寺院で荘厳に用いられる

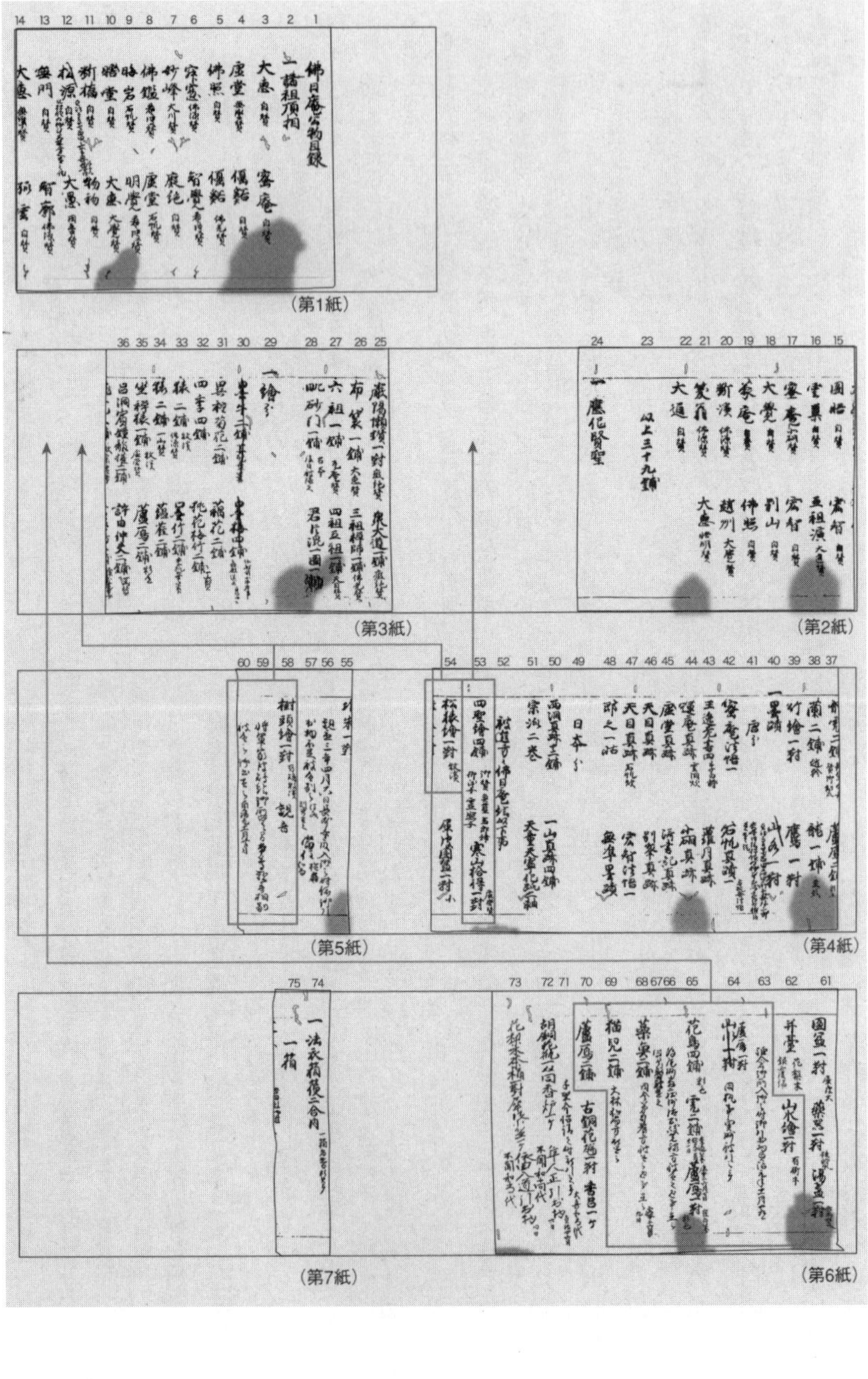

（第1紙）（第2紙）（第3紙）（第4紙）（第5紙）（第6紙）（第7紙）

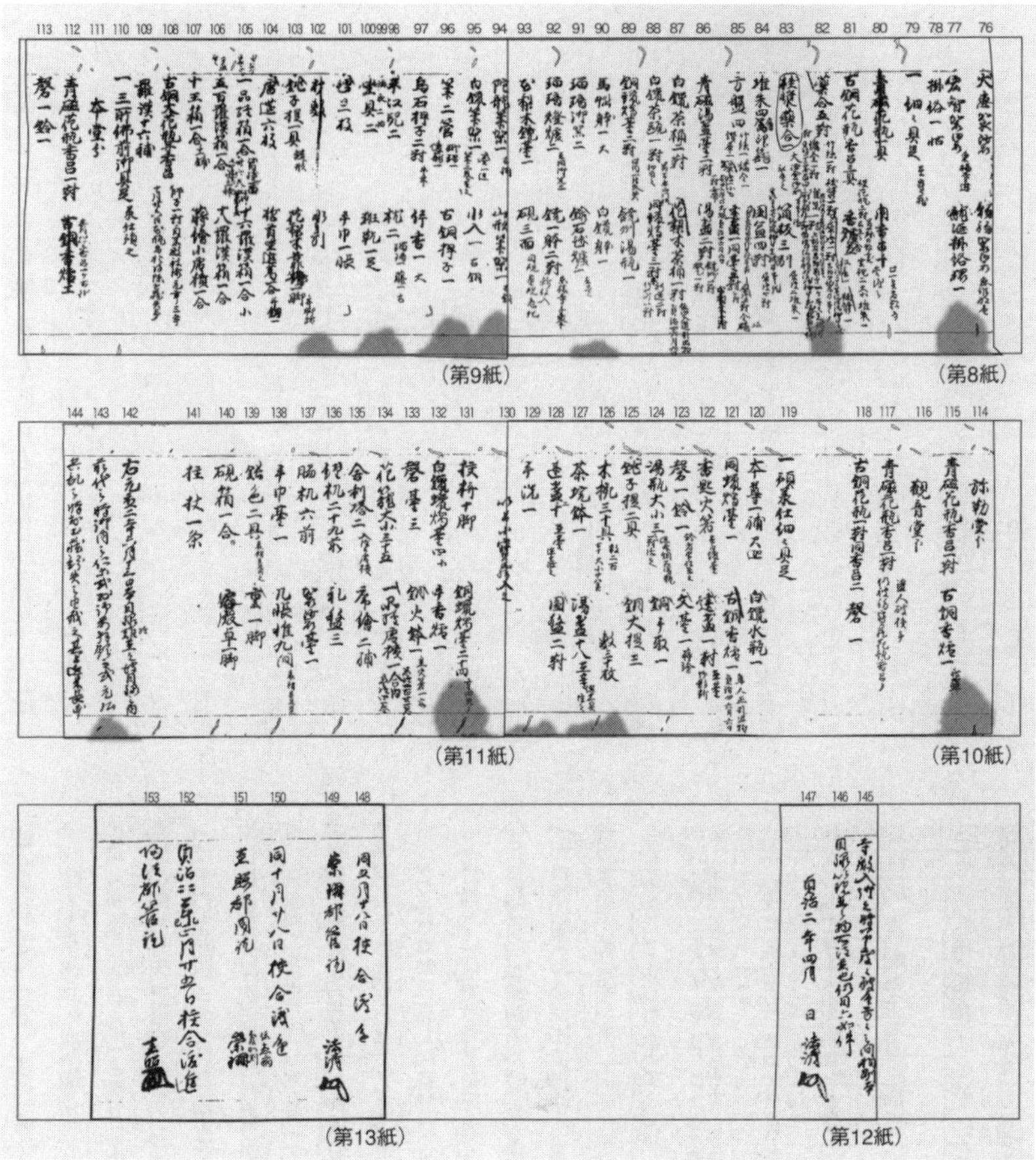

図1　「仏日庵公物目録」トレース図

本図版は「仏日庵公物目録」の料紙法量、変色痕、虫損と補入の関係を示すために「目録」をトレースしたものである。変色痕に着目すると、料紙の綴合が不自然であることがわかる。また復元しうる「目録」の記述関係の可能性を矢印で記してある。該当個所を際だたせるために一部変色箇所、虫損を省略している。版下として『宋元仏画』（神奈川県立歴史博物館特別展図録、平成19年10月、80-81頁）を用い、一部注記、抹消符や合点などは省略した。

青磁、秘匿され伝世される青磁とその階層はさまざまであり、諸資料が一致することのほうがむしろまれなのではなかろうか。出土資料と文献史料は補完する関係で全体像を推測してゆく性質のものと考えるべきで、安易な同定は慎まれるべきである。

寺内における什物としての重要性では、記述のあり方がそれを端的に示している。[9] 寺院にとっては「諸祖頂相」「応化賢聖」の画像（頂相）が最も重要な寺宝であり、塔頭堂室を荘厳する「絵」や「墨跡」が次に続く。諸祖の法衣や具足類（工芸品）は寺物として最後にまとめられる程度のものである。寺院の什物帳には「引継のための現存物品の確認」という意図があるのは通例で、「目録」は単なる美術品リストではない。そのことは「方々へ進らさる仏日庵絵以下事」の注記や、多数の勘考痕に明らかである。

このように「仏日庵公物目録」は、鎌倉から南北朝時代にかけて鎌倉円覚寺に所在した什宝を知りうる史料であり、類書がないため当該期鎌倉寺院の財を明らかにしている点で貴重なことにかわりはない。しかし、什物・財の流動性を考えれば、その記録と伝世した寺宝、出土資料を厳密な意味において結びつける（同定する）ことは当然に困難である。什物・財は流動することを本分とし、このような目録はその移動を勘考するために作成されるのが常だからである。史料の語る什物・財をモノ資料（美術作品・考古資料）とのかかわりで検討することの難しさは、分野ごとの閉鎖的な系での研究に回帰させてしまうことも多い。しかし、史料に見られる記述の階層性や序列、寺内での意味を十分に吟味し、勘

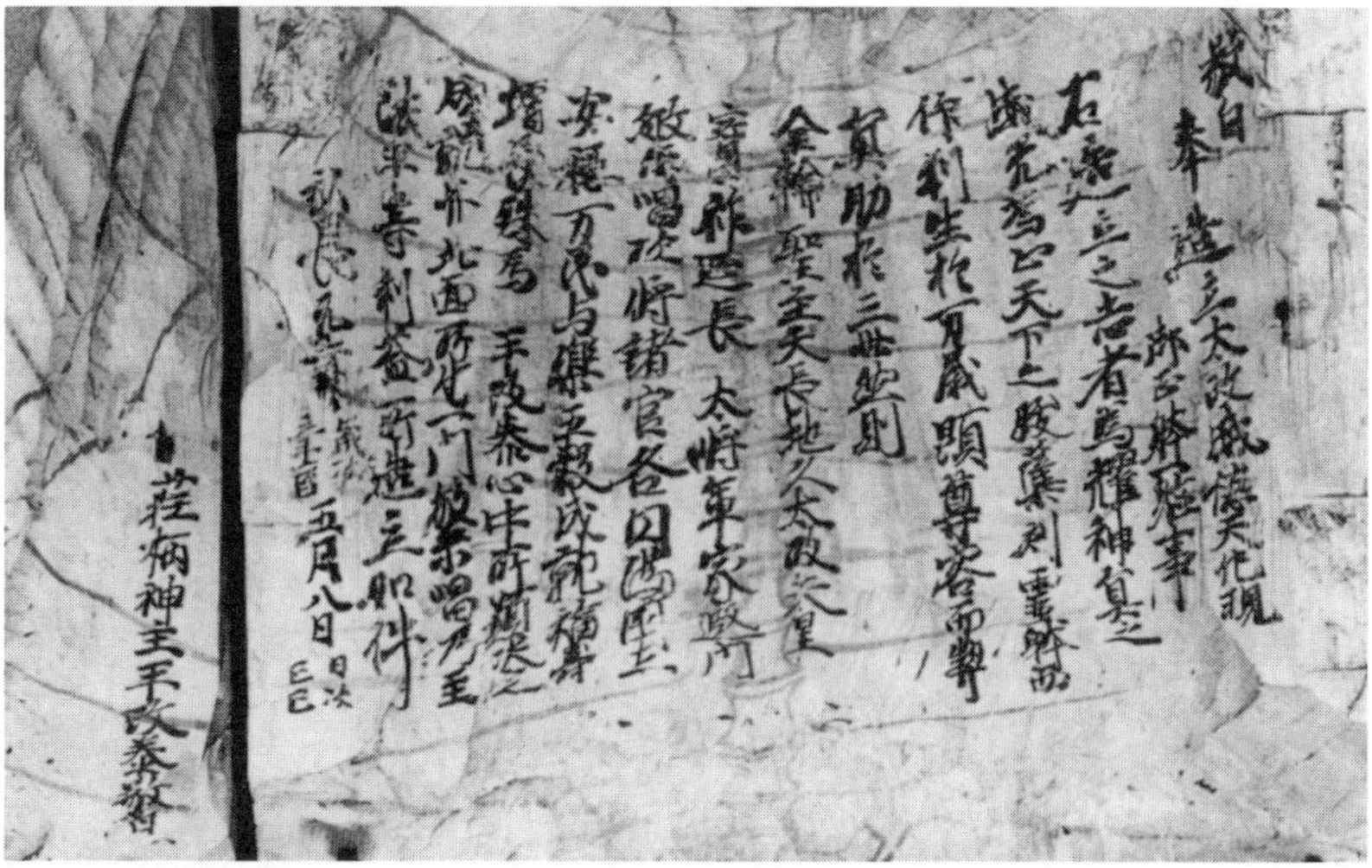

史料1　参考図版1

案しながら、モノ資料に検討を加えることにより、両者は補完的な像を提供することができるのではなかろうか。

2. 胎内墨書銘から―荏柄天神坐像―

モノによる、文献史料との補完という意味では、彫刻史による研究の深化も大きい[10]。ここでは、文献史料との境界領域でもある胎内銘の事例を取り上げてみたい。

鎌倉市二階堂に所在する荏柄天神社は、『吾妻鑑』によれば鎌倉幕府開設の草創期に由緒を求めうる古社であり、祭神の天神坐像（国指定重要文化財）を蔵している。本像については、近世期の『新編鎌倉志』、『鎌倉攬勝考』、『新編相模国風土記稿』に記載があり、社宝の神像として有名であったことがわかるが、近年の研究では彫刻史研究者松島健によるものがある[11]。その指摘によれば、本像は弘長元年（一二六一）五月八日、荏柄天神主平政泰の発願によって造立されたことが比較的長文の造立趣意文にみえ（史料1、図版も参照）、加えて脊椎骨・肋骨・腰骨や骨の個数、陽物・陰毛までもが朱書きされ、か

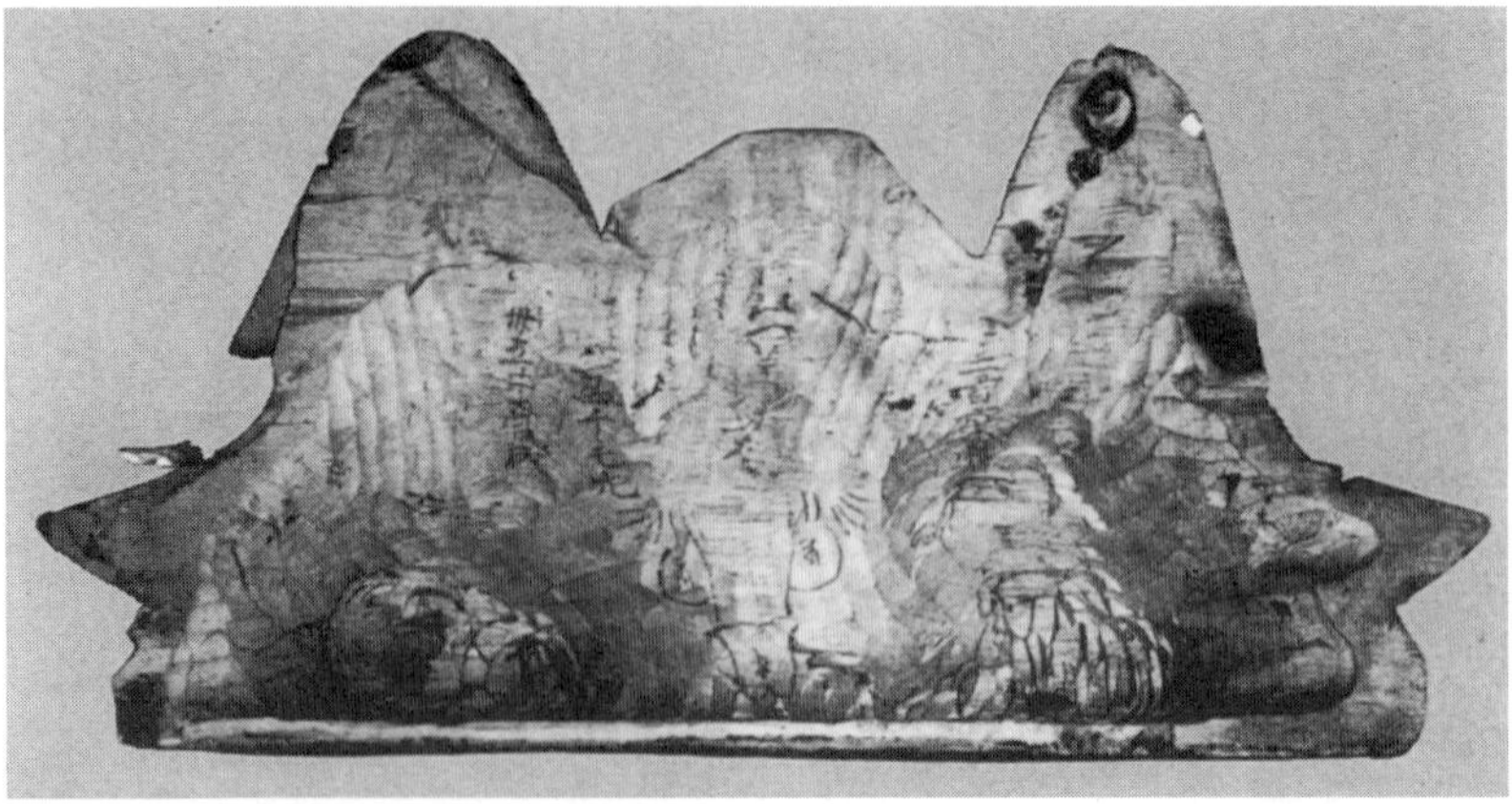

史料１　参考図版２

つては木製彩色の五臓六腑が納入されていたという神像彫刻である。このような細工は、おそらく実在の人間としての天神生身御影を強調するために行われたと思われ、写実的な面貌と相まって生身性・尊厳を一層感じさせる像となっている。しかし、その造立主平政泰は不明である。

（史料１）荏柄天神坐像像内背面墨書（改行は」で示した）

敬白　奉レ造二立太政威儀天化現」御正体一躯一事」右、造立之志者、為レ耀二神冥之」威光一、為レ止二天下之陵蘖一、刻二霊体一而、」仰二利生於万歳一、顕二尊容一而、契」冥助於三世一、然則、金輪聖主天長地久、太政天皇」宝祚延長、太将軍家遐門」繁唱、次将諸官各円満、国土」安穏、万民与楽、五穀成就、福寿」増長、殊為二平政泰心中所願決定」成就、并北面所生一門繁唱乃至」法平等利益一、所二造立一、如レ件、

弘長元年歳次辛酉五月八日日次己巳

荏柄天神主平政泰敬白

趣意は「天長地久、太政天皇宝祚延長、太将軍家遐門繁唱、将諸官各円満、国土安穏、万民与楽、五穀成就、福寿増長」と国家の安

寧を願う一般的なものではあるが、核心部分は「平政泰心中所願決定成就」と「北面所生一門繁昌」であろう。平政泰は不詳であるが、鎌倉幕府草創期より幕府と関係の深い荏柄天神の神主である点、胎内墨書銘をモノとしてみた場合に幕府発給文書の書風と酷似するクセの強い堂々とした文字である点などを勘案すれば、幕府中央の要人に連なる人物であることは間違いない。荏柄天神社が、建仁二年（一二〇二）九月に大江広元を奉幣使として『吾妻鑑』に初出することを考えれば、公事奉行人を輩出した大江家との関係を有する北条氏一門の可能性が高い。

この胎内銘が、像が完成する以前に記されることを考えれば、五月九日は大江広元の命日である（嘉禄元年＝一二二五）六月十日との関係で造立された可能性を措定することもできるし、六月一日に怪異により「心神惘然」となった北条重時が病に倒れ、十一月には死去するという状況も背景にあるかもしれない。

「平政泰」は平氏を名乗るが、大江氏に関係する一部系図には、大江広元の子親広の孫として政広と政泰を掲出するものがある（系図）。後世の編纂になる系図であるから検討の余地は大いにあるが、年代的には一致している。親房が承久の乱において後鳥羽上皇方に与したためか、親房流の系図には諸本で相違がみられるようである。親広は、子息佐房とともに広元以来の所領である山形県寒河江に隠棲したと伝えられる。[12] 平安時代以来の由緒がある寒河江の名刹慈恩寺も大江氏との関係が指摘されるが、この寒河江に下向した大江氏譜代の家臣、菅井、小野、高橋氏らはいずれも上皇側の立場にあった人々であり、「北面所生一門繁唱」の文言に相応するものではなかろうか。

（系図）「天文本大江系図」「安中坊系譜」（抄出）[13]

大江広元―大江（久我）親広―佐房―
　　　　　　　　　　　　　―高元―
　　　　　　　　　　　　　―広時―政広
　　　　　　　　　　　　　　　　―親政
　　　　　　　　　　　　　　　　―重祐（鶴岡別当隆弁僧正弟子）
　　　　　　　　　　　　　　　　―政泰？

※親広の妻は平時家女、広時の妻は北条実泰女とされ、平氏との関係が深い。

史料的な信頼性は劣るが、大江親広は父広元が嘉禄元年（一二二五）六月に逝去するや、子息佐房に阿弥陀如来像を制作させ、胎内に広元の遺骨を納めて寒河江荘吉川の阿弥陀堂に安置したという。その後寒河江荘は広時へと相続されるが、同地の大沼大行院には広時の子政広による奉納梵鐘が残されている[14]。

親房流の系図に多くの相違がみられ、『尊卑分脈』をはじめとする主流となる諸系図や『吾妻鑑』に政泰が現れない理由は不明だが、ここにモノとして遺るものと史料との乖離が存在するのであろう。ないことの証明は困難だが、公事奉行人として活躍した大江氏の一流である時廣流（泰秀、時秀、宗秀）との関係から説明できる可能性がある。『吾妻鑑』寛喜四年（一二三二）十二月五日条によれば、執権北条泰時は「所処に散在」してしまった大江広元時代の記録の収集を配下に命じ、目録を作成させて大江泰秀に送致したという。[15]『吾妻鑑』編纂者の一人とも目され、嫡流を任じた泰秀が、寿永、元暦以来の重書の掌握を命じられることと、上皇側に与した親房流を否定的に捉えるという対立の構図があり、そのことが史料の残存に影響を与えている可能性がある。鎌倉時代初期の大江氏には、このほかにも頼朝との関係が濃厚でありながら系譜が不明である大江家仲、大江公朝（?～正治元年＝一一九九）らがいる。[16]彼らは後白河院の北面武士の一員と考えられている。

胎内銘や胎内納入文書[17]は紙背文書などと同様、作為の影響を受けにくい。この点は、当然に制作者の意図をうける文献史料とは大いに異なっている。結果として、モノと史料を整合的に理解していくことには困難が伴う場合も生じるが、研究を広げるためにはモノ資料の解釈の可能性を追求してゆく必要があり、両者を補完させて歴史像を提示する必要がある。この胎内銘についていえば、そこに記された書風と趣意については正真であり、荏柄天神の神像である点も厳然とした事実である。政治的偏差を除外して、どのような可能性が考えられるのかも彫刻史への研究還元として必要であろう。

3．モノとしての文書再考――鶴岡八幡宮文書――

モノが裏づけるという意味では、文書そのものに対する史料レベルでの見直しも必要であろう。鎌倉における基礎史料の刊行と整備は、文献史による鎌倉研究を格段に深化させたが、一方で史料そのもののレベルでの検討を疎遠なものにしてしまった点は否めない。原史料から得られる情報は多く、鎌倉研究を深めるためには、モノ資料としての史料的検討も一層必要になろう。

たとえば「鶴岡八幡宮文書」中には、複数の鶴岡八幡宮寺内禁制が残されているが、次の二通の禁制は中世都市鎌倉が南北朝期に至る連続性を重視しなければならないことを示唆している（史料2、3、図版も参照）[18]。正和二年（一三一三）の「鎌倉幕府禁制案」（史料2）と至徳三年（一三八六）の「鎌倉公方禁制案」（史料3）は、ともに鶴岡八幡宮社境内地および周辺に対する当該期権力による禁制の写しである。それぞれ鎌倉幕府と鎌倉府という発給主体の違いはあるものの各条文は酷似し、従来指摘はないが両通は料紙の表裏に記されているのである。いわば、意図的に記され残された紙背文書といえよう。料紙は現状では正和二年令が表として綴合されており、至徳令が裏側となっており、巻子表具に窓を開けて保存されている。料紙は全体に傷み、天、地、奥に大きな欠損もあるが内容の理解に影響を与えるものではない。正和二年令の端裏書が残るため、本来的にはその案文として記されたものであり、そこに至徳令を書き留めたと推測できる。史料3には各条文と事実書の相違部分を傍線で示した。

（史料2）　鎌倉幕府禁制案

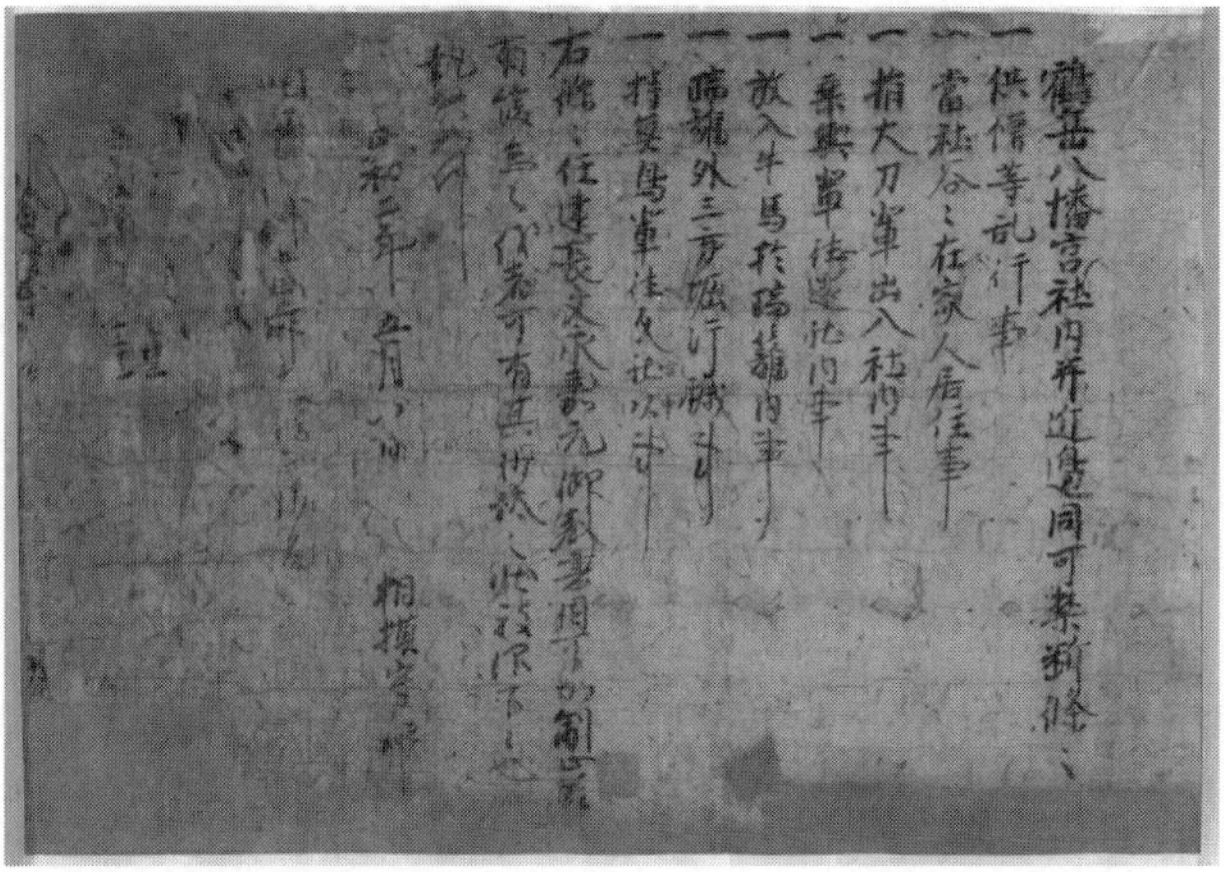

史料２　参考図版

（端裏書）「社内禁制御教書案〈正和二五八〉」
鶴岳八幡宮社内并近所辺同可禁断条々
一　供僧等乱行事
一　当社谷々在家人居住事
一　指二大刀一輩出入社内事
一　乗ㇾ輿輩往二還社内一事
一　放二入牛馬於瑞籬内一事
一　瑞籬外三方堀汚穢事
一　持魚鳥輩往反宮中（×社頭）事
右、条々、任二建長・文永・嘉元御教書一、固可ㇾ加二制止一、若
有二緩怠之儀一者、可ㇾ有二其沙汰一之状、被二仰下一候也、
仍執啓如ㇾ件、
　正和二年五月八日　　　相模守在判
　謹上　別当前大僧正（道珍）御房

（史料３）関東公方禁制案
鶴岳八幡宮社内并近所禁制条々

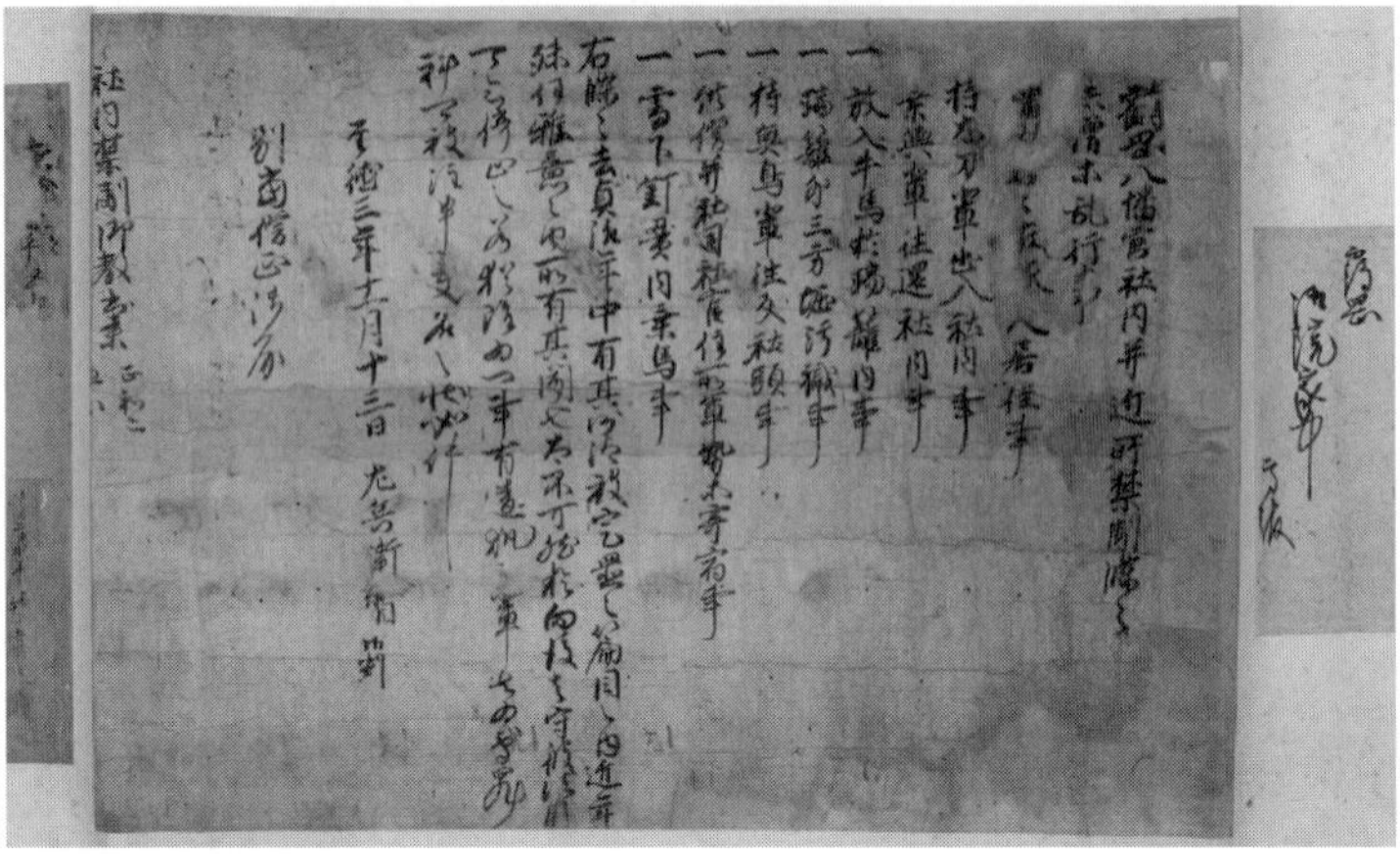

史料3　参考図版

一　当社谷々在家人居住事
一　持㆓大刀㆒輩出入社内事
一　乗㆓輿輩往還社内㆒事
一　放㆓入牛馬於瑞籬内㆒事
一　瑞籬外三方堀汚穢事
一　持㆓魚鳥㆒輩往㆓反社頭㆒事
一　供僧并社司社官住所軍勢等寄宿事
一　雪下釘貫内乗馬事
右、条々、去貞治年中、有㆓其沙汰㆒、被㆑定置之篇目之内、近年殊任㆓雅意㆒之由、所㆑有㆓其聞㆒也、太不㆑可㆑然、於㆓向後㆒者、守㆓彼法㆒、固「可㆑令㆓停止㆒之、若猶雖㆑為㆓一事㆒、有㆓違犯之輩㆒者、為㆑処㆓罪」科㆒、可㆑被㆑注㆓申交名㆒之状、如㆑件、

至徳三年十一月十三日　左兵衛督御判

別当僧正御房

史料3で示したように、冒頭六箇条は正和二年令をそのままうけ、供僧乱行にかかわる条文が滅失する代わりに、供僧等居住地への軍勢寄宿と、「雪下釘貫内」への乗馬禁制が加えられている。事実書

で引用されるように、この八箇条は貞治元年（一三六二）十二月二十七日付の「関東公方足利基氏禁制写」（「相州文書所収鎌倉郡荘厳院文書」）の段階で、ほぼ同一条文の禁制となっており、「被レ定置之篇目之内、近年殊任二雅意一之由、所レ有二其聞一也、太不レ可レ然、於二向後一者、守二彼法一、固可レ令二停止一之」の部分が付加されたものである。二条の禁制が付け加えられたことは当該期の鎌倉の状況を反映していると考えられ、釘貫の存在などは都市的防御施設の設置を裏付けている。これら内容の関連性からいえば、至徳令が貞治令と表裏一体になることはあり得るが、なぜ正和令と一体になっているのであろうか。

　史料2の正和令では「建長・文永・嘉元御教書」が引用されており、現存史料の検討からは「寺社供僧之事、於乱行之仁者、不可然之間、可被改補也」（建長二年十一月二十八日付関東御教書、「鶴岡八幡宮文書」）、「八幡宮谷〃事、僧坊之外在家相交之由、有其聞、甚不穏便」（文永六年二月十六日付関東御教書、「神田孝平氏旧蔵文書」）をうけているものと思われる。[19] 建長令、文永令はそれぞれ個別事案に対する禁制であり、正和令においてそれらを集成する形で七箇条の禁制が成立したのである。この七箇条を原型として、若干の追加条文を加えるかたちで貞治令、ほぼ同文の至徳令が発令されているわけだが、このことは鎌倉幕府と鶴岡八幡宮寺との関係が、鎌倉公方（鎌倉府）との関係に変化しても同様であったことを意味している。貞治令ではなく、鎌倉幕府の発給になる完成形の正和令が至徳令とのかかわりで見出されることは、その支配理念が変化なく継承されていることを示している。これは、両史料が紙背文書という表裏の関係を有していることによって示されているのである。

三　都市鎌倉における記憶の集積

鎌倉幕府滅亡後の都市鎌倉における、記憶集積の営みが重要視されたことは、寺院による所蔵文書の確認作業を通じて看取することができる。政権の移行期に伝来の重書、公験を集積、整理、確認し、安堵申請に備えることは当然のことであるが、この営みが都市鎌倉の記憶を集積し、後代に伝える契機になっていることは否めない。

先にみた「仏日庵公物目録」の作成もその一環として行われており、本質的に寺院の什物確認と引き継ぎに重点が置かれた史料であるという意味をもつ。荏柄天神社の神像が大江広元との関係で造立されたと仮定できれば、それは初期鎌倉政権の記憶の回顧である。鶴岡八幡宮文書に残される表裏一体の二通の禁制も、七十年近くをへて引き継がれた記憶の集積であるとも考えられよう。このような、記憶の集積が新旧の序列と秩序を意識していたことは言うをまたず、「仏日庵公物目録」や「禁制」の可視化された事例では、目録や条文が無秩序なものでないことをみれば明らかである。

先述の「仏日庵公物目録」では、元応二年（一三二〇）に存在した旧目録をもとに、僧「法清」が現在の寺院什物と校合、調査・勘考をして、貞治二年（一三六三）に成立したものである。その記述構成は、①円覚寺全体寺領の本目録、追加目録、②寺領公験文書の本目録、追加目録、新目録、③仏日庵領の本目録、追加目録、新目録となっている。全体の構成が階層化されていることと、円覚寺全体のなかでの仏日庵が別項になっていることを考えれば、「仏日庵公物目録」とされる目録が、本来それ独自で存在していたのかという疑問も生ずる。実際「目録」の料紙形態から推測すれば、当初からそのままで伝来したとは考えられない。相伝の過程でかなりの改変が加えられて現在の姿になったと考えるのが妥当である。目録は本質的に近い未来において加除、校勘、加筆が行われることを予見して作成され、門外不出の確定された寺宝の記録ではない。しばしば利用される「仏日庵公物目録」は、近世の円覚寺史ともいうべき「鹿山略記」「鹿山略志」には記述がないのである。[20]

このような目録の作成は特異なことではなく、什物に限られたものでもない。政治的基盤が大きく変化した時代であることを考えれば、むしろ寺領の継承を目指した当該期の寺院はしきりに文書目録を作成するのは当然のことであり、その一環として考えるべきである。円覚寺ではこのほかにも重書、公験を確認、分類した文書目録類が、正和四年（一三一五）、正平七年（一三五二）、貞治二年（一三六三）と作成され、校勘、加筆が寺家の意志決定機関である評定衆によってなされている。このほかにも鎌倉の諸寺院には文書目録が現存しており、一覧すると次のようになる。

表　鎌倉諸寺院の文書目録（矢印は加筆がなされていることを示す）

円覚寺文書目録	正和四年（一三一五）十二月二十四日
	↓元応二年（一三二〇）十二月二十五日
	↓元亨四年（一三二四）二月十日
円覚寺文書目録	正平七年（一三五二）二月十八日
円覚寺文書目録	貞治二年（一三六三）四月日
	↓応安三年（一三七〇）二月二十七日
覚園寺文書目録	康永元年（一三四二）八月三日
覚園寺文書目録	応永十四年（一四〇七）六月十九日↓
黄梅院文書目録	応永三十三年（一四二六）六月晦日

鎌倉覚園寺の文書目録には寺領の「指図」や関係する寺院の「庫院雑具等」の寄進状も含まれている。ともにいえることは、寺院にとって最も重要であったのは、経済的基盤となる寺領領有を証明する文書類であり、記憶の集積としての目録は、この全体的財産把握を目指すものであった。

　このような、記憶の整備は覚園寺の場合、諸堂建造や諸仏造立とも軌を一にしていることが確認できる。本堂である薬師堂が文和三年（一三五四）に足利尊氏によって再建され、薬師三尊像中の日光菩薩像が墨書銘から応永二十九年（一四二二）に、十二神将が応永八年から十八年（一四〇一〜一四一一）にかけて仏師朝祐によって制作されている。寺内の整備、継承は、文書目録制作と同一線上に考えることができるものである。近隣の杉本寺に集積された五輪塔には応永の紀年名を持つものが多く、十五世紀前半に至るまでの復興事業が盛んであったことが知られ、鎌倉府による政治都市としての成熟が予想されるのである。

記憶の整備と継承という点では南北朝期に散見する夢にかかわる史料があげられる。円覚寺僧智真の夢想を根拠とした記録工作と目録作成は、寺運の興隆、権益の継承と記録の作成が表裏一体のものであったことを示している。[21]これら記録の制作は当該期の目録制作のありかたと共通点をもち、鎌倉幕府から鎌倉府へという政権の変化を断絶と捉えるのではなく、連続面ととらえて継承されている事象に着目すべきではなかろうか。十四世紀後半から十五世紀にかけての鎌倉の復興を意識的に捉えることにより、より一層政権都市鎌倉の理解が深まると思われる。

おわりに――研究の展望――

平成二十四年秋に開催した三館連携展示、特に神奈川県立歴史博物館を会場とした「再発見・鎌倉の中世」展は、従来鎌倉研究の史的な骨格を形成してきた文献史的な鎌倉像を、豊富に蓄積された鎌倉の埋蔵文化財から裏づけ、あるいは新知見を加え、より実像に迫ろうという試みとして実施したものである。限定される文献史料を年々増加する考古資料によって再検証する場を、世界遺産という枠組みとは少々視角をかえて捉えることができたと考えている。展示を通じて痛切に感じたのは、一九五〇年代の開発のすさまじさと、開発に伴う調査記録のその時点での欠如である。一方で、黎明期の研究は、今日的な基準には達しないものの、研究者、郷土史家、好事家によるものを含め広く残されているのも事実である。これらはその研究精度を理由として看過される傾向にあるが、じつはそのなかには貴重な情報が含まれている。黎明期鎌倉研究の牽引者をどう評価するかは、こんにちの中世都市鎌倉研究者に課された課題でもある。

図2　釈迦堂ヶ谷の造成と元弘三年銘五輪塔（鎌倉市中央図書館）

鎌倉研究の歴史を顧みれば、近代以降の開発＝破壊に伴って中世都市鎌倉が再発見されてくるという矛盾を終始内包している（図2）。逆説的にいえば、破壊がなければこれほど中世都市鎌倉は十分裏づけることはできなかったのである。都市遺構としての鎌倉の特徴は、文献史料と発掘に伴う資料がきわめて豊富な点にある。(22) 都市の上に都市があるという、避けて通ることのできない都市遺構に共通する問題は、十分な調査と分類、研究、遺物の保存が担保されない限り単なる文化財破壊になってしまう。モノとしての考古資料は今後ますます増加し、文献史料の理解を広げてゆくことになる。資料は整理と研究が伴わなければ単なるモノにすぎず、歴史資料・都市資料としての意味は大きく滅失してしまう。

加えて、中世と近代を繋ぐ近世資料の存在も看過できない。記憶の集積と相承は近世にも盛んに行われており、近世寺社史料中には中世都市鎌倉を再考する鍵となる資料も多い[23]。これらの未着手の近世、近代資料、黎明期鎌倉研究関係資料の一部は鎌倉市中央図書館近代史資料収集・特殊形態資料室が蓄積、管理しており、その体制の一層の充実にも目が向けられなければならない。このような資料の裏づけによって、研究の蓄積と全体的な見通しを示していけるかが、今後の鎌倉研究を左右することになる。行政や地域がそれを支えていくことができるかどうかが試されているのである[24]。

【註】

(1)「武家の古都・鎌倉」展は総務省による地方分権振興交付金事業をうけ、神奈川県が実施した「関連3館連携による、世界遺産登録機運醸成のための文化財展示事業」として実施された。

(2) 世界遺産への登録は、世界遺産という国際標準によって計られ、ある場合には文化財の取捨選択をへて基準を受容するという行為である。純粋な文化財保護の枠組みとは別次元の、文化財に対する認識のグローバル化が根底には存在している。

(3) 関周一「唐物の流通と消費」(『国立歴史民俗博物館研究報告』第92集、二〇〇二年四月)。

(4)「研究資料　仏日庵公物目録」（『美術研究』24、一九三三年）、『神奈川県文化財図鑑』（神奈川県教育委員会編、書跡編、一九七九年）、高橋範子「仏日庵公物目録の世界――宋代禅宗文化の風、満ちる」（『日本の国宝』別冊七、二〇〇〇年七月、朝日新聞社）。

(5) 拙稿「「仏日庵公物目録」成立に関する一考察」（『神奈川県立博物館研究報告（人文科学）』第35号、二〇〇九年三月）、関周一「唐物に関する近年の研究」（『貿易陶磁研究』No.31、二〇一一年、日本貿易陶磁研究会）、拙稿「中世唐物再考」（アジア遊学『唐物と東アジア』所収、二〇一一年十一月、勉誠出版社）。

(6) 奥書（第一一―一二紙）参照。

(7) 第33回日本貿易陶磁研究集会『記録された貿易陶磁』発表要旨（二〇一二年九月）にて「記録された唐物」として報告。

(8)『鎌倉市街地における中世前期の貿易陶磁』（貿易陶磁研究集会鎌倉大会資料、一九九八年六月）には出土地点、器型ごとの分布が報告されている。

(9) 料紙には界線が引かれ、各項目の視覚的な位置関係から序列を推測することができる。「目録」は什物の譲渡による滅失に重点をおいて記録されている点も特徴である。

(10) 塩澤寛樹『鎌倉時代造像論――幕府と仏師――』（二〇〇九年二月）、『鎌倉大仏の謎』（歴史文化ライブラリー二九五、二〇一〇年四月）など参照（ともに吉川弘文館）。

(11)「荏柄天神坐像考」（『三浦古文化』第23号、一九七八年五月、三浦古文化研究会）は重要文化財指定調査の所見を踏まえた詳細な研究である。のち、「天神像・荏柄天神社」（『國華』一〇九九、一九八七年）にて、胎内銘に若干の修正を加えている（鎌倉国宝館内藤浩之氏のご教示による）。本稿では胎内銘の読みを一部改めている。

(12)「慈恩寺略縁起」（『山形県史』資料編14所収）には「人皇八十四代順徳帝御宇、承久元己卯年、大江廣元嫡男大江修理大夫親廣下向、當國寒河江城主タリ、其孫葉代々為檀越」とある。縁起は成立年未詳であるが、慈恩寺は摂関家領として平安後期以来中央とのかかわりが強く、鎌倉時代中期の中興には大江氏が積極的にかかわっている（伊藤信「名取新宮寺一切経の歴史的背景」、『名取新宮寺一切経調査報告書』東北歴史資料館編、一九八〇年三月）参照。

（13）『寒河江市史　大江氏ならびに関係史料』（二〇〇一年三月、寒河江市市編さん委員会）には、寒河江系大江氏にかかわる系譜を収める。系図はいずれも近世前期の写本であるが、親房流の記述が丁寧である。『山形県史』、『北条氏系譜人名辞典』大江広時の項（永井晋執筆、新人物往来社）参照。

（14）前掲註13所収「大沼大行院系図」の晃覚項、および「金仲山眼明阿弥陀尊略縁起」、『大沼大行院文書』（朝日町史編集資料第15号、山形県朝日町教育委員会編、一九八一年一月）参照。

（15）貞永元年十二月大五日庚辰、故入道前大膳大夫廣元朝臣存生之時、執行幕府巨細之間、壽永元暦以來自京都到來重書并聞書、人々款状、洛中及南都北嶺以下自武家沙汰來事記録、文治以後領家地頭所務條々式目、平氏合戰之時東士勳功次第注文等文書、随公要、依賦渡右筆輩方、散在所處、武州聞此事、令季氏、淨圓、圓全等、尋聚之、整目録、被送左衛門大夫云々、

（16）公朝は子公澄とともに文治元年（一一八五）八月には頼朝の依頼により源義朝と鎌田政清の首を運ぶ勅使として鎌倉へ下向し、建久十年（一一九九）一月には頼朝の急死をうけ、宣陽門院の使者として、後鳥羽院の使者となった子の公澄とともに鎌倉へ下向している。

（17）鎌倉の寺院では覚園寺戌神将に収められた中世胎内納入文書がある。

（18）「鶴岡八幡宮文書」は現状で七巻に成巻されているが、本史料は第七巻に所収される。史料3は紙背文書であるためか文化庁による重要文化財目録には項立てされていない。

（19）嘉元年間の御教書は現在失われている。正和令の料紙奥部分は表面がかなり粗れているが、「廿三」「十一十二」と見える墨痕も残っており、写し作成に際して先例を引勘したものか。

（20）「鹿山略記」「鹿山略志」（『鎌倉志料』第一巻所収、鎌倉市教育委員会、一九九一年十二月）。

（21）拙稿「円覚寺智真「夢記」と「仏日庵公物目録」」（『神奈川県立博物館研究報告（人文科学）』第38号、二〇一二年三月）。円覚寺智真による暦応元年（一三八三）二月十一日付「夢記」、「頼印大

僧正行状絵詞」にみる応安六年（一三七三）七月晦日付夢想記事、応安四年（一三七一）二月二十六日「法印権大僧都道快夢記写」（「正嫡相承秘書」所収）などは夢想という手段を用いた、記憶の集積と継承を具体化した記録ということもできる。

(22) 大三輪龍彦監修『掘り出された鎌倉　新発見の鎌倉遺跡と遺物展・図録』（鎌倉考古学研究所他主催、一九八一年八月）、『佛教藝術　特集鎌倉の発掘』（一六四号、一九八六年一月、毎日新聞社）は増大する考古資料を分析し、鎌倉考古研究に見通しを示した研究成果。その時代の一つの到達点であろう。『特別展　鎌倉考古風景』（鎌倉国宝館、二〇〇四年十月）も参照。

(23) 科学研究費基盤研究（C）課題番号二四五二〇七三二（研究代表者古川）「中世鎌倉地域における寺院什物帳（文物台帳）と請来遺品（唐物）の基礎的研究」によって、鎌倉諸寺院の文物台帳情報を調査中である。

(24) 総合討論中にも話題となったが、行政担当者や市民の中世都市鎌倉の文化財に対する関心の低さが気になるところである。文化財の重要性や面白さを、一層身近に伝えていく役割を、モノを見せる施設では意識して発信していく必要があるのであろう。

本稿は、平成二十五年九月六、七日に行われた報告に、シンポジウム総合討論での議論を加味して加筆したものである。

都市史からみた鎌倉研究の現状と未来

秋山 哲雄

はじめに

鎌倉に関する通説的な理解としてしばしば指摘されるのが、「鎌倉は三方を山で囲まれ前面に海を配した天然の要害であり、城塞的都市であった」という点である。その根拠には、鎌倉七口といわれる人馬の通りにくい切り通しなどの存在や、防御施設にもみえる名越の大切り岸などの存在などがあげられる。

しかし近年では、城塞的都市説は退けられつつある。鎌倉時代以降、中世には海上交通がさかんで、由比ヶ浜では現在でも陶磁器の破片を見つけられるともいわれる。貿易船がやってくるのだから、海が堀のような役割を果たして鎌倉を守るとは考えにくい。特に砂浜は、全体を防衛しなければならないから、蒙古襲来の際に博多に造営された石築地でもなければ、防衛線とはなりにくいだろう。

また、切り通しの開削は、むしろ人の往来をたやすくするためのものであった。それを示すのが【史料1】である。

【史料1】『吾妻鏡』仁治元年十月十九日条（傍線筆者）

十九日己酉、天晴、大倉北斗堂地曳始事、佐渡前司、兵庫頭等可㆓奉行㆒之云々、又為㆓前武州御沙汰㆒、被㆑造㆓山内道路㆒、是嶮難之間、依㆑有㆓往還煩㆒也、

ここでは、人々が往還するのに煩いがあるので、山内道路を造営したとある。切り通しは、基本的に物流を促進させるためのものだったのである。また、山稜部を階段状に造営した切り岸などのなかには、発掘調査で後世の石切り場であったことがわかるものもある。そもそも、現在の地形が、頼朝期にまで八〇〇年近くさかのぼるかどうかも、確証はない。

以上のように、近年では、鎌倉を城塞都市として高く評価する論調はトーンダウンしている。それでは、鎌倉の実態とはいかなるものだったのだろうか。本稿では、ここ一〇年あまりの都市史としての鎌倉研究の現状を概観し、若干の展望を述べたい。

一　成立期鎌倉の評価

成立期の鎌倉を考える際には、京都や平泉とのつながりをいかにとらえるかが問題となる。たとえば岡陽一郎氏は、初期鎌倉の遺構が東国における武士の館の系譜に位置づけられるとしている（岡二〇〇五・二〇〇六）。つまり鎌倉に京都の影響はないというのである。（鈴木二〇〇八）は、平泉と鎌倉では、出土するかわらけの口径の大きさが異なることを指摘し、平泉と鎌倉の非連続制を示唆している。

建築史の分野では、東国では武士の館の系譜が強く、京都の寝殿造の影響は少ないが、館に付属する持仏堂的寺院は京都の文化をまねたものが多いことが指摘されている（小野二〇〇四）。また（服部二〇〇一・藤田二〇〇九）では、鎌倉時代前期の武家屋敷には京都の影響が少ないが、後期になると、本格的な礎石建物が普及するようになるとしている。

遺物や遺構がすべて同じ志向性をもって鎌倉に移入されたわけではないだろうから、一概にはいえないが、鎌倉の独自性を、京都や平泉の延長線上にみるか、東国の独自性のなかに位置づけるかは、残された課題のひとつである。特に建築史とのすりあわせは、文献史学にとって重要となってくるだろう。

鎌倉が京都の影響を受けたかどうかで話題となるのは、遺物や遺構だけでなく、むしろ若宮大路の存在である。かつては、鎌倉に京都をまねた都市計画があり、若宮大路を朱雀大路に擬する案も示されていた(大三輪一九八六)。

しかし実際には、若宮大路と平行あるいは直交する道は発掘調査でも裏づけられていないこともあって、若宮大路を京都の朱雀大路に擬する説は少数派となっている。むしろ現在では、若宮大路周辺に御所が移転したことによって、幕府滅亡までの期間限定で、その周辺に限り、若宮大路が都市の土地利用の軸となる説が提示されている(秋山二〇〇六)。

二 「中心」と「周縁」

鎌倉に限らず、中世都市を「中心」と「周縁」とで理解する議論がかつてはさかんであった。現在でもその議論の有効性は保たれている。その汎用性の高さゆえに、「中心と周縁」の議論は、「中世都市ブーム」の理論的な支柱のひとつとなってきた。

鎌倉の中心となる都市域をめぐっては、以下のようないくつかの説が出されている。(馬淵一九九七)は、かわらけの出土数が都市の中核部に多く海岸部に少ないことを指摘し、かわらけの出土する地域が都市域であることを示唆した。(齋木二〇〇四)は、かわらけを四時期に分類して、その出土地域の拡大を都市域の拡大とみている。また、(宇都二〇一〇)では、幕府関連施設の周囲の排水施設には、木組みの側溝を伴うものが多いことをふまえ、木組み側溝が都市域の目安となり得ることを示している。（鈴木二〇一二）は、輸入陶磁器の出土地域を丹念に地図に落とし、それが頼朝の想定した鎌倉の都市域だと推測している。

文献史学では、鎌倉には保という行政区分があり、保奉行人と呼ばれる役人がいたことが明らかとなっている（網野一九七六）。具体的な保の名称など、明らかでないことも多いが、この場合、保の設置された地域が鎌倉の都市域ということになろう。

これら鎌倉の中心について、文献史学では、主に将軍の御所をめぐって研究が進んできた。これらの研究では、十三世紀中頃に行われた将軍御所の移転に、鎌倉の都市整備の画期を見いだしている（松尾一九九二・石井一九九四・秋山二〇〇六）。御所が大倉から若宮大路周辺に移転したことを機に、都市鎌倉の中心軸が、山際の東西道である六浦道から、若宮大路周辺へと移っていったというのである。そして幕府滅亡後は、ふたたび六浦道が鎌倉のメインストリートになったと考えられている。

近年では、鎌倉中心部の具体像も少しずつ明らかになってきている。たとえば（高橋一九九六）では、それまで甘縄神明社の近くと考えられていた有力御家人安達氏の邸宅の位置を、無量寺谷付近に比定している。近年の発掘では無量寺谷付近から、安達邸を警護する武士の当番表と考えられる板も出土しており、高橋氏の説を補強する材料となっている。（秋山二〇〇六）では、北条氏の邸宅の位置を、推論を交えながらではあるが想定している。また、近年に公表された「浄土光明寺敷地絵図」などからも、周辺の土地所有者が明らかとなっている（石井二〇〇五、大三輪二〇一二）。

鎌倉の中心部に関する研究では、文献史料が新たに発見される可能性は高くないので、過大な期待はできないが、今後の精緻化を期待したい。

一方で、中心に対する周縁の実態については、（石井一九八一）が周縁部に住む人々の姿を活写して以来、注目が集まっており、さらに近年の発掘調査では、多くの考古学的な知見が明らかとなった。浜地の集団墓遺跡の発掘調査の成果は、（五味・齋木二〇〇二）にまとめられている。そのなかで（平田二〇〇二）では、刀傷のある個体は多くないことを指摘し、日常的に葬られた人々が中心とする説を示した。かつて、浜の集団墓地といえば、鎌倉幕府滅亡の際の戦死者が由比ヶ浜にまとめて埋葬されたとする説が有力であったが、その見解は、現在は後景に退いている。

浜地の集団墓の発掘調査では、必ずといってよいほど竪穴建物が検出される。これは鎌倉に特徴的なものであり、他の地域に類例は多くない。用途はおそらく倉庫だったであろうと考えられている。竪穴建物については（鈴木二〇一三）が詳しいのでぜひとも参照されたい。

浜地といってもそれなりの広さがあるので、墓域と竪穴建物の新旧関係や地域的な広がりが問題となる。それなりに発掘事例は増えてきているので、浜地の竪穴建物と墓域との時期差や地域的な広がりなどの究明は、今後の重要な検討課題であろう。

浜も葬送の土地であったが、丘陵部のやぐらも葬送の地であった。かつては、鎌倉中に墓地を造営してはならないという法令が出された後に、やぐらが造営されたと考えられてきた。しかしその法令は、大友一族が豊後府中に対して出したものであり、必ずしも鎌倉に同様の法令があったことを意味していない。そのため、幕府の法令がやぐら造営の画期となる説は、今はあまり強調されていない。中国の石窟寺院の影響によってやぐらがつくられたとする説（田代一九九三）もあるが、決定打に欠ける状況である。

やぐらや、そこに置かれた石造物は、なかなか文献史学の対象とはなりにくい。そこで考古学の成果が求められることになる。近年では、松葉崇氏による一連の研究が進められているので、今後の進展を期待したい。

三　つながりのなかの鎌倉

鎌倉は、広くみれば東アジア的なつながりのなかに位置づけられる。禅宗寺院の国際性（村井二〇〇四）や多くの輸入陶磁器は、そのことを力強く物語る。東アジア的な広がりで集められた物資は、鎌倉の倉庫に納められたようである。それがおそらく竪穴建物であろう。次の史料【史料2】では、二階堂行久が鎌倉の西御門と浜に倉を持っていたことがわかる。これらの倉に、多くの物資が納められていたのであろう。

【史料2】二階堂行久譲状（二階堂文書、『鎌倉遺文』九五四二）（傍線は筆者）

譲渡　領地并倉等事

一所　在西御門入奥地

一所　浜倉半分

右、相二副証文一、所レ譲二-渡向女房一也、兼又鎌倉宿所乃倉納物事、与名越女房両人、
各可レ被レ分二-取半分一也、於二浜倉一者、同相二-分半分一、可レ有二其沙汰一、但至二敷地一者、
所レ令レ借二-用他人之領一也、然者、向後《も》地主《を》相語《て》、毎年無二懈怠一、弁二其地子一、可レ被二
領知一之状如レ件、

文永三年（一二六六）六月十日

沙弥行日（花押）

東アジアだけでなく、もう少し規模を狭めた列島規模でも、鎌倉はつながりのなかに位置づけられていた。

（湯浅二〇〇五）では、鎌倉に拠点を構える千葉氏を事例に、一族、庶子、吏僚、金融業者などの階層が、列島の東西を活発に移動しながら御家人経済を支えたことを示し、御家人経済圏という概念を提示した。このことによって、有力御家人は列島規模のネットワークをもっていたことがわかる。

さらに微細な例をみていくと、次の【史料3】があげられる。

【史料3】『吾妻鏡』嘉禄二年（一二二六）五月八日条（傍線は筆者）

内藤左衛門尉盛時去月十九日蒙二使宣旨一事、今日有二評議一、可レ止二召名一之由被レ定云云、是父左衛門尉盛家入道追二捕盗賊一之間、可レ被レ行二其賞一之旨被レ仰之処、子息昇進望申、子息有二兄弟一、所謂嫡男右衛門尉盛親、二男盛時〈今延尉〉也、而兄盛親者従レ父、或在京或在国、弟盛時者候二関東一、夙夜雖レ積二労功一、守二嫡庶之次第一以レ兄可レ被レ補二彼職一之旨先日御吹挙之処、父盛家法師於二京都一窃改二挙鍾愛次男盛時一之間被二 宣下一畢、爰父有下任二雅意一之咎上、子又無二可レ越レ兄之理一、被二究沙汰一及二此儀一云々、

ここで重要なのは、この史料では、内藤という御家人の一族は、父と兄が在京・在国、弟は鎌倉で幕府に奉仕していたことがわかる点である。かれらは、一族の父・兄・弟らを各地に派遣し、一族内で分業体制をとっていたのである。

また、鎌倉における御家人の館には、御家人本人がいない時もあった。宇都宮氏が定めた法といわれる【史料４】からは、宇都宮氏の鎌倉における屋形は給人に貸し出されており、給人たちはそれを又貸しすることを禁止されていることがわかる。禁止されているということは実際にはそれらが行われていたのであろう。少なくともここで又貸しの相手として禁じられている白拍子や遊女ら以外には、又貸ししてもよかったことになる。

【史料４】『宇都宮家式条』

一、鎌倉屋形以下地事

右、為二給人之進止一、不レ可レ相二伝子孫一、縦當給人雖レ為二存日一、随二祗候之躰一、可レ被レ

充㆓行別人㆒、兼又、白拍子、遊女、仲人等之輩、居㆓置彼地事㆒、一向可㆓停止㆒之

給人たちは、宇都宮氏から預けられた屋形を又貸しして、おそらくは賃料を得ていたのであろう。宇都宮氏の惣領が普段は鎌倉にいないことをいいことに、又貸しをして利潤を得ていたのである。

内藤氏の場合も宇都宮氏の場合も、鎌倉に拠点は維持していたけれども、御家人本人や武士団全員が鎌倉にいたわけではなかった例として理解することができる。武士団は、一族内で分業しながら、自分たちのネットワークのなかに、鎌倉という都市を位置づけていたのである。

一方で、鎌倉に常住する人々もいた。鎌倉幕府の下級役人たちである。彼らには、次のような幕府の法令が出されている。

【史料5】鎌倉幕府追加法　三七六

一、可㆑禁㆓制群飲㆒事

遠近御家人参上之時、称㆓旅籠振舞㆒、堆㆓盃盤儲㆒、号㆓引出物㆒、貪㆓財産㆒之条、為㆑世有㆑費、為㆑人多㆑煩、自今以後、可㆑令㆑停㆓止之㆒、且又客人饗応皆存㆓略儀㆒、可㆑止㆓過分㆒矣、

遠近の御家人が鎌倉に参上したときには、「旅籠振舞」をせよといって、鎌倉に常住する人々がその御家人の宿所に押し寄せたらしい。これが禁じられているということは、実

際にはそれが行われていたのであろう。御家人は、たまに鎌倉に参上するからこそ、「旅籠振舞」を鎌倉の人々に求められた。つまり御家人は、鎌倉に参上する存在だったのである。

次の【史料6】では、もう少し詳しくこのことが書かれている。

【史料6】鎌倉幕府追加法　三八四

一、侍所雑仕以下下部等、行二-向御家人宿所一、被二饗応一事

侍所雑仕、小舎人、朝夕雑色、御中間、贄殿執当、釜殿等、正月并便宜之時、行二-向諸人宿所一、常求二盃酌一、甚以左道也、早可レ停二-止之一、但行二-向奉行人之許一事、非二制限一矣、

御家人が正月などに鎌倉に参上した際、侍所の下級役人たちは、御家人の宿所に行って饗応を求めることを禁じられている。やはりここでも、御家人は鎌倉に参上する存在であった。

幕府滅亡の戦いに際しては、たまたま鎌倉にいたので新田義貞方についたという御家人の文書が残されている。それが次の【史料7】である。

【史料7】元弘三年（一三三三）六月九日道忠軍忠状案（結城文書、『鎌倉遺文』三二二五六）

去四月十七日　綸旨謹承畢、

抑相二-催陸奥・出羽両国軍勢一、可レ令レ征二-伐前相模守平高時法師以下凶徒一由之事、

道忠并一族等折節在鎌倉仕之間、先於二鎌倉一相二-率道忠舎弟田島与七左衛門尉広堯・同子息一人・同片見彦三郎祐義・同子息弐人并家人等一、従二今月十八日一始二合戦一、毎日連々企二数戦一、同廿二日既追二-落鎌倉之凶徒等一畢、且《ハ》親類家人等抽二軍忠一之次第、上野国之新田太郎令二存知一之上者、□令二注進一歟、無二其隠一候哉、次両国軍勢催促事、親朝男殊可レ致二忠節一之由、就二下知一候、随分致二其沙汰一候云々、直捧二請文一候歟、委細之趣、以二使者親類伯耆又七都保一令二言上一候、以二此趣一、不レ洩可レ有二御披露一候、道忠恐惶謹言、

元弘三年六月九日　　結城入道道忠請文

戦闘の混乱のなかでのできごとなのでどこまで信用できるかはわからないが、ここでは、たまたま「折節」在鎌倉していた道忠（結城宗広）という人物が、倒幕軍に加わったことが記されている。たまたま鎌倉にいたということは、普段は彼が鎌倉にいないことも多かったことを示していよう。

鎌倉に御家人があまりやってきていないことについては、幕府の行事を辞退している御家人の事例から推測することができる。

『吾妻鏡』弘長三年（一二六三）八月四日条では、鹿食（肉食）を理由に鶴岡八幡宮の放生会に参加することを拒否した御家人たちがみられるし、『吾妻鏡』弘長三年（一二六三）八月八日条では、「上洛」や「在国」を理由に放生会に参加しない御家人が多くみられた。

もちろん、一大事がおこれば鎌倉に駆けつけるのが御家人の役目であったが、それは一方で、鎌倉に普段は御家人がいないことを示すことも意味していた。御家人たちにとって鎌倉は、京都や本貫地、所領などとともに、御家人が維持しなければならない拠点のひとつだったのである。

四　新たな求心力

つながりのなかに鎌倉を位置づけていたのは、御家人たちばかりではない。親王将軍の宗尊親王が鎌倉にやってくると、将軍の質も変わった。『吾妻鏡』建長四年（一二五二）四月十四日条では、親王将軍の出御は親王の「行啓」であるので、それまでの将軍とは違って、勇士が必ずしも供奉する必要はないと書かれている。御家人でなくとも、将軍に供奉することができるようになっていったのである。

その宗尊親王が鎌倉に下る際には、宗尊とともに京都を離れる人々への慰めの言葉として、鎌倉での親王将軍への奉公は「院中の奉公にひとしかるべし、かしこにさぶらふとも、限りあらん官かうぶりなどは、障りあるまじ」と『増鏡』に出てくる。鎌倉でも親王に奉公すれば、京都での昇進につながると言っているのである。どこまでこれを信用できるかはわからないが、親王将軍の誕生は、畿内社会の昇進の基準を変えさせ始める可能性を秘めていたとも評価できる。

実際に、将軍祈祷が公請と認められ、親王将軍への祈祷は朝廷の勧賞の対象とされたようである。つまり僧侶が鎌倉で活動しても京都で評価されるようになったのである。そのため、鎌倉で寺院が整備されていくと、畿内寺院からも多くの僧侶がやってくるようになった（平一九九四・二〇〇二）。

また、山内を中心に多くの禅宗寺院が建立されたこともあって、各地から禅僧が鎌倉に集まった（村井二〇〇四）。日蓮や一遍といった宗教者たちも、新たな信者獲得を求めて鎌倉を目指した。彼らにとって鎌倉は、東国にできた新たな大市場だったのである。こうして鎌倉は、広く宗教的な求心力をもつにいたった。

一方で、訴訟などのためにやむを得ず鎌倉にやってくる人々もいた。「十六夜日記」や「山王霊験記絵巻」や、「蒙古襲来絵詞」には、自分の権利を主張するためにやってくる人々が描かれている。正応五年（一二九二）十二月十八日加治木頼平在鎌倉用途結解状（「東寺百合文書と」『鎌倉遺文』一八〇七〇）に見えるように、訴訟当事者の代理人が鎌倉に滞在することも多くなった。

裁判が長期化すると、未決のために鎌倉を退去できない人々も出てくるようになる。正和三年（一三一四）十一月廿六日源某奉下知状（「大音文書」『鎌倉遺文』二五三〇四）では、「依㆓訴訟未断㆒、不㆑退在鎌倉」といった文言がみられる。元亨四年（一三二四）六月十八日圓恵譲状（「鐵船寺文書」『鎌倉遺文』二八七六七）には、「而近年依二訴訟一、在鎌倉」とある。訴訟の判決まで年単位で時間がかかるために、鎌倉在住を余儀なくされたというのである。鎌倉幕府は、訴訟機関としての機構を整え、多くの裁判を処理せざるを得なくなっていた。おそらくその数は、年を追うごとに増加していったはずである。鎌倉には、そうした訴訟に携わる人々が多く集まったことであろう。鎌倉は、こうした裁判の求心力も兼ね備えていったのである。

人が集まれば、物も集まる。すでに述べたように鎌倉には、国内外を問わず多くの輸入陶磁器が集まっていた。これまでの発掘調査の成果はそれをよく表している。（藤澤二〇〇二）では、日用品は輸入陶磁器をまねた古瀬戸製品が作られることを指摘している。さまざまな階層の人々がこれらの陶磁器を使用したのであろう。（鈴木二〇〇八）では、異なる工房で作られたかわらけが一括して出土している事実を指摘し、かわらけを販売する業者の存在を想定している。人が集まって物が集まると、それを売買する商人も集まる。鎌倉はそうした商人たちにとっても求心力をもっていたことになる。

おわりに　鎌倉の時期区分と独自性

ここまで、近年の鎌倉研究の現状を簡単に見てきた。最後に、鎌倉に集まる人々をもとに、鎌倉時代を時期区分してみよう。まず第一にあげられる画期は、もちろん治承四年（一一八〇）の頼朝の鎌倉入りである。頼朝が鎌倉に御所を構えたことによって、東国武士団たちも鎌倉に宿館を営むようになった。

第二の画期は、承久の乱（承久三＝一二二一）である。これと前後して、幕府行事や御家人役が整備され、東国武士団は在京・在国・在鎌倉といった分担を余儀なくされはじめる。また、御家人本人にかわって鎌倉に滞在する代官などの数は増加することになる。彼ら都市民をターゲットにした新たな宗教集団も鎌倉の求心力にひかれてやってきた。

第三には、十三世紀の半ばが画期となる。幕府の訴訟が増加したために引付が設置されたのは建長元年（一二四九）であった。訴訟が増加すれば、それにかかわる人々も増加するのは必然である。

京都から親王将軍とともに鎌倉にやってきた貴族や僧侶が増加するのも、当然ながら、建長四年（一二五二）に宗尊親王が鎌倉にやってきてからのことであった。

禅宗寺院の代表格である建長寺が建立されたのは建長五年（一二五三）であり、その後の禅宗の隆盛はこの頃から始まったと評価してもいいだろう。禅宗の隆盛によって、鎌倉には新たな仏教の息吹と東アジアレベルのつながりがもたらされた。

鎌倉に集まる人々に注目すると、以上のように、幕府草創期、承久の乱後、十三世紀半ばの三つの画期を示すことができる。

以上をふまえ、鎌倉の独自性をまとめると、以下のようになる。

多くの武士にとって鎌倉は出仕する都市であり、鎌倉に常住していたのは北条氏をはじめとする幕府中枢の人々だけであった。しかし、出仕しなければならないという点で、鎌倉は東国武士団に対する求心力を持ち続けていた。その意味で、鎌倉は武家の古都といえよう。

また、鎌倉の持つ求心力には、畿内寺院の僧侶や東アジアレベルでの禅僧や物資の流入にもおよんだ。鎌倉は、東アジアのひとつの拠点となったのである。一方で国内に目を向ければ、鎌倉は列島規模で訴訟を受け入れる大きな存在感をもつ都市ともなっていた。

こうした魅力をもつ鎌倉について語る前に、まずやるべきことは、冒頭にも記したように、鎌倉は三方を山に囲まれた城塞都市であるとか、源頼朝は京都の朱雀大路をまねて若宮大路を造営して鎌倉の都市造りを行ったとかいったことに代表されるような、従来のイメージの再検討であろう。また、京都的なもの、平泉的なもの、鎌倉的なものの弁別も、新たな鎌倉の独自性を示してくれるはずである。今後の研究に期待したい。

【主要参考文献】

秋山哲雄『北条氏権力と都市鎌倉』吉川弘文館　二〇〇六年
秋山哲雄「鎌倉と鎌倉幕府」（『歴史学研究』八五九号）二〇〇九年

秋山哲雄「成立期鎌倉のかたち」（『都市のかたち　権力と領域』山川出版社）二〇一一年
秋山哲雄「都市鎌倉研究の現在」（『歴史評論』七五二）二〇一二年
秋山哲雄「北条政子の邸宅とその政治的立場」『中世政治社会論叢』（東京大学日本史学研究室紀要別冊）二〇一三年
網野善彦「鎌倉の「地」と地奉行」『三浦古文化』一九（『網野善彦著作集』第一三巻、岩波書店、二〇〇七年　に所収）一九七六年
石井進「文献からみた中世都市鎌倉」（『中世都市鎌倉を掘る』日本エディタースクール出版部）一九九四年
石井進「都市鎌倉における「地獄の風景」」（御家人制研究会編『御家人制の研究』、吉川弘文館）一九八一年
石井進「「浄光明寺敷地絵図」に記された人物は誰か」（大三輪龍彦編『浄光明寺敷地絵図の研究』新人物往来社）二〇〇五年
宇都洋平「木組み側溝からみた鎌倉遺跡群の区画」（『都市を区切る』山川出版社）二〇一〇年
大三輪龍彦「中世都市鎌倉の地割制試論」（『仏教芸術』一六四）一九八六年
大三輪龍哉「「浄光明寺敷地絵図」にみる屋地」（『鎌倉遺文研究』二七）二〇一一年
岡陽一郎「中世都市鎌倉の成立と変貌」（『交流・物流・越境』新人物往来社）二〇〇五年
岡陽一郎「鎌倉の変容」（『鎌倉時代の考古学』高志書院）二〇〇六年
小野正敏「中世武士の館、その建物系譜と景観」（『中世の系譜』高志書院）二〇〇四年
河野眞知郎「政権都市「鎌倉」」（『政権都市』新人物往来社）二〇〇四年
五味文彦・齋木秀雄編『中世都市鎌倉と死の世界』高志書院　二〇〇二年
齋木秀雄「出土遺物からみる鎌倉の開発」（『国立歴史民俗博物館研究報告』一一八）二〇〇四年
鈴木弘太「二つの工房で作られた「かわらけ」」（『鶴見考古』七）二〇〇八年
鈴木弘太「中世鎌倉の初期地形と都市領域」（『鶴見考古』一〇）二〇一一年

鈴木弘太『中世鎌倉の都市構造と竪穴建物』同成社　二〇一三年

平雅行「鎌倉仏教論」（『岩波講座日本通史』巻8中世2、岩波書店）一九九四年

平雅行「鎌倉における顕密仏教の展開」（伊藤唯真編『日本仏教の形成と展開』法蔵館）二〇〇二年

高橋慎一朗『中世の都市と武士』吉川弘文館　一九九六年

高橋慎一朗「日本中世前期都市史研究の現在」（『年報都市史研究七 首都性』山川出版社）一九九九年

田代郁夫「鎌倉のやぐら」（『中世社会と墳墓』名著出版）一九九三年

服部実喜「南関東地域における中近世建物以降の変遷」（『埋もれた中近世の住まい』同成社）二〇〇一年

平田和明「鎌倉出土人骨の骨病変」（『中世都市鎌倉と死の世界』高志書院）二〇〇二年

藤澤良祐「中世都市鎌倉における古瀬戸と輸入陶磁」（『国立歴史民俗博物館研究報告』九四）二〇〇二年

藤田盟児「鎌倉前半期における上層武家住宅の実態と変遷過程」（『建築史学』五三）二〇〇九年

松尾剛次「武士の首都「鎌倉」の成立」（『都と鄙の中世史』山川出版社）一九九二年

松葉崇「鎌倉におけるやぐらへの葬送——火葬骨・非火葬骨の出土事例から——」（『神奈川考古』四四）二〇〇八年

松葉崇「谷戸に展開するやぐら群——玄室規模の検討」（田村晃一先生喜寿記念論文集『扶桑』）二〇〇九年

松葉崇「神奈川県に於けるやぐらの出土遺物様相——陶磁器を中心として——」（『神奈川考古』四六）二〇一〇年

馬淵和雄「食器からみた中世鎌倉の都市空間」（『国立歴史民俗博物館研究報告』七一）一九九七年

村井章介「東アジアにひらく鎌倉文化」（『中世都市鎌倉の実像と境界』高志書院）二〇〇四年

湯浅治久「「御家人経済圏」の展開と地域経済圏の成立」（『交流・物流・越境』新人物往来社）二〇〇五年

中世鎌倉における中国文化の受容
――出版・建築・石碑を題材に――

大塚 紀弘

はじめに

源頼朝が御家人を基盤とする政権を樹立すると、根拠地となった鎌倉には、武士をはじめとするさまざまな人々が集まり、都市として成長を遂げていった。その過程で、鎌倉独自の文化が花開いたが、基調に京都文化の受容があったことは疑いない。頼朝時代には平泉文化が模倣されたが、これも平泉を介して京都の文化を取り入れたものといえる。(1) だが、日中交流によって中国大陸の文物や文化が移入された結果、鎌倉文化が国際性を帯びるようになる。本稿では、このような鎌倉における外来の文化要素に注目したい。

鎌倉時代になると、栄西、俊芿を嚆矢として、唐船と呼ばれる貿易船に同乗して日中を往来する僧侶、すなわち入宋僧が増加していく。南宋江南地方の寺院に参学した彼らは、帰国後、南宋の寺院を参考にしながら、新たなタイプの寺院を建立するに至った。[2] 京都の建仁寺、鎌倉の寿福寺といった禅院、京都の泉涌寺などの律院である。そのうえで、蘭渓道隆をはじめとする中国の禅僧が日本に渡来し、禅院の住持を務めるようになった。

鎌倉時代の禅院や律院では、南宋の寺院が規範とされたから、寺内の文化として中国文化（大陸文化）が導入されたと考えられる。そうした中国起源の物質文化の事例として、本稿では①版本（出版文化）、②輪蔵（建築文化）、③碑文（石碑文化）を取り上げたい。

①版本は、宋代に盛んに刊行されるようになり、なかには五〇〇〇巻以上の仏典を集成した一切経も含まれていた。②輪蔵は、一切経を収納するための回転式の建築物で、宋代に多くの寺院で建立された。③碑文は、中国で古来、題額を伴う石碑に刻まれ、盛んに造立された。これらの文化の根底には漢文文化があり、その日中での共有が文化伝播の前提にあったといえよう。

鎌倉時代から南北朝時代にかけての都市鎌倉の寺院では、中国起源の物質文化は、どのように受容されたのだろうか。以下、三章にわたって①から③を題材とし、当時最大の都市であった京都の寺院における受容を視野に入れつつ、寺院文化としての中国文化の受容の実態を明らかにしていきたい。

一 出版文化の受容──中国文化としての版本──

京都における中国出版文化の受容

中世以前の日本で刊行された版本は、ほぼ仏教関係の典籍に限られていた。京都では、平安後期から『法華経』などの経典の開版・摺写が活発化し、貴族社会で作善として摺写供養された[3]。それらの装丁は写本と同じく巻子装で、大量書写の代用としての複製印刷と位置づけることができる。仏典を含む書籍については古来、巻子装の装丁が重んじられており、版本も当初は巻子装文化の範疇にあったといえよう。

対して、中国宋代の版本すなわち宋版は、折本装の装丁が一般的であった。北宋代から南宋代にかけて、福州と湖州の禅院で開版・刊行された一切経も折本装であった[4]。平安末期、宋商人によって、こうした宋版一切経が日本に輸入されるようになり、鎌倉初期までに高野山、興福寺、仁和寺、中尊寺、神護寺、東大寺、醍醐寺、日吉社に所在していたことが確認できる。

こうしたなか、入宋僧の俊芿が京都東山に建立した泉涌寺では、寛元四年（一二四六）以後、輸入宋版を基にして戒律関係書を盛んに開版・刊行するようになった[5]。建長四年（一二五二）頃からは、一一種、六九巻から成る律三大部の開版を開始したが、それらは折本装で、宋版に倣った装丁と考えられる。

宝治二年（一二四八）、唐招提寺の覚如、西大寺の定舜が、南宋から計二〇組もの律三大部の版本を請来した。[6]その後、西大寺を中心に、南都の律院では出版活動が活発化し、律三大部も開版・刊行されたようだが、[7]これらの装丁も折本装であった。

以上のように、京都・南都の律院では、中国の出版文化である折本装文化を新たに受容した。修学のために実用性を重視し、巻子装ではなく折本装が採用されたと考えられ、入宋僧によって輸入された律三大部の宋版が影響を及ぼしたと推測される。

中国は出版文化の先進地で、宋代には仏典・外典を問わず出版活動が隆盛した。[8]そこで、日本から中国に開版を依頼することもあった。嘉禎三年（一二三七）以前、九条道家は自筆の『阿弥陀経』を底本として南宋に送り、開版のうえ、一〇万巻を印刷してもらっている。[9]また、文永元年（一二六四）頃、蘭渓道隆門弟の禅忍・智侃が入宋し、紹興で道隆の語録を開版しており、南宋から版木を請来して日本で刊行したと考えられる。[10]

鎌倉時代には、律院にやや遅れて禅院でも開版事業が興った。寛元元年（一二四三）に入宋僧の円爾が九条道家によって京都東山の東福寺の住持に迎えられ、禅院として整備した。[11]円爾は東福寺の普門院に経蔵を造立しており、[12]そこに円爾請来の仏典が収蔵されたとみられる。注目されるのは、円爾門弟の俊顕が、普門院に「印板屋」を造立していることで、[13]ここを拠点に東福寺で出版活動が進められたと推測されている。[14]

他方、正応元年（一二八八）から翌年にかけて、三聖寺蔵主（知蔵）の師元が相次いで五種の中国禅僧語録を開版している（131、133─1〜3、134）[15]。三聖寺は京都東山にあった禅院で、当時、円爾門弟の湛照が住持を務めていた。ここには、弘長元年（一二六一）以前に宋版一切経を収納する輪蔵が建立されており[16]、師元はその管理を担っていたとみられる。三聖寺では、隣接する東福寺からの影響の下、円爾の門流によって開版事業が展開されたと考えられる。

鎌倉後期には、ほかの京都の禅院に出版活動が広がり、正和二年（一三一三）に龍翔寺、元応二年（一三二〇）に建仁寺で中国禅僧の語録が開版されている（172、180）。後者の版木が施入された同寺の紹雲庵は、相山良永を開山とする塔頭である。

京都の禅院での開版事業および出版活動は、南北朝期に最盛期を迎えた。先行したのは嵯峨の臨川寺で、まず暦応四年（一三四一）から翌年に二種、貞治六年（一三六七）から康暦二年（一三八〇）にかけて七種、禅僧語録などを開版している[17]。その後、至徳四年（一三八七）および康応二年（一三九〇）に開版された版本の版木は、同寺の三会院に置かれた[18]。三会院は開山の夢窓疎石の塔所（墓所）が設けられた塔頭である。

同じく嵯峨の天龍寺でも出版活動が活発化し、貞和五年（一三四九）から至徳元年（一三八四）にかけて、疎石門弟の春屋妙葩が禅僧語録を中心に二〇種近く開版している[19]。そのなかで、貞治七年（一三六八）および応安三年（一三七〇）に刊行された版本の版木は、金剛院に置かれている。

建仁寺でも開版事業は継続し、貞和四年（一三四八）に玉峰正琳（若江氏）の支援により『景徳伝灯録』が開版されたが、その版木は建仁寺の天潤庵に置かれた（217）。貞治七年には、入元僧で同寺妙喜庵主の中岩円月が『五灯会元』を開版しており、その版木は霊洞院に置かれた（255）。天潤庵、霊洞院は、それぞれ入元僧の可翁宗然、高山慈照の塔所が設けられた塔頭である。

以上のように、京都禅院では禅僧語録を中心とする禅籍の開版・刊行がされたが、それらの大半は中国禅籍の覆刻であった。中国禅籍は巻子装や折本装ではなく、版心を谷折りにした胡蝶装と呼ばれる独特の装丁で、日本で刊行された禅籍もこれに倣ったと考えられている。[20] つまり、京都の禅院では、中国の出版文化である胡蝶装文化が受容されたのである。

南北朝期には、中国福州から多くの刻工が日本に渡来し、嵯峨に居住して臨川寺や天龍寺の開版事業に従事しており、[21] 人の移動によって直接的な技術移転があったことも知られる。疎石の門流による開版事業が活発化した要因としては、室町幕府による支援のほか、中国人刻工の渡来が大きかったと考えられる。

一部の禅籍は、一つの寺院で開版事業が完結したのではなく、門流のつながりにより寺外からの経済的協力を受けている（253、270）。そこで注目したいのが、禅籍の版本が塔頭に安置されたことである。塔頭は祖師の塔所に結集した門流の拠点として機能しており[22]、開版事業および出版活動も基本的に門流によって担われたと考えられよう。

鎌倉における中国出版文化の受容

鎌倉では、鎌倉初期から鎌倉幕府の中枢によって経典の摺写が行われている。正治二年（一二〇〇）、頼朝の忌日に五部大乗経を摺写したほか、寛元二年（一二四四）には将軍藤原頼経が後鳥羽上皇追善のため『法華経』を開版して一〇〇部を摺写している[23]。また、建長三年（一二五一）には、北条時頼が『法華経』の開版を成し遂げている[24]。いずれも開版地が鎌倉とは断定できないが、装丁は巻子装とみられ、京都文化の受容と位置づけられよう。

他方、鎌倉時代には、鎌倉の寺院にも折本装の宋版一切経がもたらされた[25]。建暦元年（一二一一）に永福寺で供養された「宋本一切経」を初見とし、弘長元年（一二六一）には金沢実時が鎌倉からほど近い律院の称名寺に宋版一切経を寄進している。建治元年（一二七五）、北条時頼の十三回忌に際して、渡来僧の大休正念が山内の建長寺で供養した「印造大蔵経律論」、弘安八年（一二八五）の北条時宗の一回忌に際して、同じく渡来僧の無学祖元が山内の円覚寺で供養した「円満妙覚大毘盧蔵」は、幕府によって寄進された宋版一切経と考えられる[26]。

こうしたなか、鎌倉中期の鎌倉では、まず律院で開版事業および出版活動が活発化した。

西大寺末寺の極楽寺では、文永四年（一二六七）に忍性が住持に任じられた後、戒本を含む戒律関係書の開版が始まった。[27] 戒律関係書の開版では、京都の泉涌寺、南都の西大寺と並んで、鎌倉の極楽寺が中心寺院となった。極楽寺末寺の称名寺で、華厳関係書が多数開版されたことも注目される。極楽寺版、称名寺版ともに装丁は修学における実用性の高い折本装で、中国出版文化としての折本装文化が受容されたといえよう。

他方、鎌倉の禅院では、文応元年（一二六〇）に渡来した兀庵普寧が、建長寺住持期に自身の語録を開版している。[28] 次いで弘安十年（一二八七）には、古倫慧文が『禅門宝訓集』を開版し、その版木は建長寺の正続庵に置かれた（125）。正続庵には無学祖元の塔所が設けられており、その門流による開版事業とみられる。

鎌倉では普寧以外にも、渡来僧が出版事業に関与した例が多く確認できる。すなわち、元徳元年（一三二九）に渡来した竺仙梵僊は、建長寺住持期の元弘元年（一三三一）に自身の詩文集、南禅寺住持期の康永元年（一三四二）に、古林清茂の語録を開版している（201、208）。貞和三年（一三四七）には鎌倉で雪峰慧空の詩文集が開版されたが、この版本には建長寺住持であった梵僊が刊記を寄せている（216）。

また文永六年（一二六九）に渡来した大休正念は、寿福寺住持期の弘安六年（一二八三）に黄檗希運の語録、翌年に自身の語録を開版している（120、122）。刊記から、前者に北条時顕の支援があったことがわかる。永仁三年（一二九五）には、義心が『禅林僧宝伝』

を開版したが、この版本には弘安二年に祖元とともに渡来し、円覚寺三世となった鏡堂覚円による刊記がある(147)。

南北朝期には、円覚寺僧の雷峯妙霖によって祖元の語録が開版され、その版木は正続院に置かれている(225)。建武二年(一三三五)に建長寺の正続庵が円覚寺に移されて正続院が成立しており、ここを拠点に祖元の門流による開版事業が進められたと考えられる。鎌倉で開版された禅籍については、版木が置かれた場所が不明なものが大半だが、京都と同じく門流による開版事業と推測される。

以上のように、鎌倉時代における禅院の開版事業については、京都と並んで鎌倉が先進地で、中国の胡蝶装文化が受容された。京都では入宋僧を多く輩出した円爾の門流が先駆者となったが、鎌倉では渡来僧が主導したようである。

二　建築文化の受容──中国文化としての輪蔵──

京都における中国建築文化の受容

冒頭で述べた通り、栄西や俊芿を嚆矢とする鎌倉時代の入宋僧は、日本で仏教改革運動を展開し、新たな僧侶集団を形成したが、その際に規範として尊重したのが、自身が参学した南宋の寺院であった。そのため、彼らが開山となった寺院では、伽藍の構成や建築物の名称・機能が南宋の寺院に倣ったものとなった。特に、鎌倉前期に京都東山に相次いで隣り合って創建された泉涌寺、東福寺、三聖寺は伽藍構成の実態が詳しく判明し、中国の建築文化を受容したことが確かめられる。

まず泉涌寺については、俊芿が承久二年（一二二〇）に示した伽藍構想には、仏殿・僧堂・庫院・法堂などがあげられており、南宋の寺院を規範としたことがうかがえ、南北朝期の泉涌寺絵図から概ね構想通りに整備されたと考えられる。[29] 東福寺については、建長二年（一二五〇）の九条道家惣処分状から伽藍構成が判明するが、こちらも仏殿・法堂・僧堂・庫裏を備えており、南宋の禅院が規範となったことがわかる。[30] また、三聖寺は東福寺の影響を受けて整備されたとみられ、鎌倉後期の絵図には仏殿・法堂・僧堂・庫院などが描かれている。[31] これらの寺院はいずれも南宋の寺院を規範としたから、建築名称が共通するのみならず、伽藍構成や機能も類似していた。

南宋由来の建築物のなかで、とりわけ注目されるのが、輪蔵と呼ばれる経蔵の一種である。[32] 輪蔵は冒頭で述べた通り、回転式の建築物で、中国で唐代以前に開発され、一切経が収蔵された。回転させることで、読誦と同等の功徳があると信じられ、宋代には各地の寺院に建立された。輪蔵の建立には高度な建築技術が必要であったため、俊芿が泉涌寺に建立を計画したものの実現しなかったようである。

鎌倉後期以後、京都の寺院に輪蔵が建立されるようになった。まず一の出版文化の受容でも述べたように、弘長元年（一二六一）以前、三聖寺に輪蔵が建立され、先述の絵図にも描かれている。また、正応元年（一二八八）から貞治三年（一三六四）の間、洛北にあった禅院の宝福寺に、貞和四年（一三四八）には天龍寺にも輪蔵が建立された。輪蔵建立の技術が日本に伝播した背景には、建築技術者の渡来も想定されよう。

鎌倉における中国建築文化の受容

政治都市としての鎌倉の中心となった将軍の御所は、寝殿造系の建築と推測されており[33]、京都文化受容の一環として位置づけられる。また、鎌倉には幕府によって寺社が整備されていったが、こうした有力寺社は一切経を収納する経蔵を備えていた。一切経は修学のみならず、有力寺院の年中行事である一切経会で用いられた[34]。一切経会は舞楽が中心の法会で、宇治平等院の法会に倣って各地に広まり、鎌倉初期から鎌倉の勝長寿院、鶴岡八幡宮寺、永福寺、大慈寺で行われるようになった[35]。これも京都文化の受容と位置づけることができ、巻子装の写本一切経が使用されたと推測される。

他方、正治二年（一二〇〇）に入宋僧の栄西によって禅院の寿福寺が創建されたが、どこまで南宋の寺院が規範として受容されたかは定かでない。建長五年（一二五三）には山内に禅院の建長寺が完成し、渡来僧の蘭渓道隆が住持に迎えられた。元弘元年（一三三一）の指図から、建長寺は仏殿、法堂、僧堂などを備えた宋風の伽藍構成であったことが確かめられる。また、無学祖元を開山とする山内の禅院、円覚寺も同様の伽藍構成であった。(36)鎌倉の律院では、浄光明寺も仏殿を中心に左右に僧堂、庫院を備えた伽藍構成であった。(37)禅院はもちろん律院にも、その規模に応じて部分的に中国建築文化が受容されたとみられる。

鎌倉の輪蔵については、同じく山内の禅院である建長寺、円覚寺、禅興寺の三カ寺に存在したことが確認でき、折本装の宋版一切経が収蔵されたと推測される。まず建長寺については、先述の指図に「根本輪蔵跡」が見出せ、永仁元年（一二九三）に焼失したようである。ただし、鎌倉後期の宴曲（早歌）に同寺の「輪蔵の経典軸々」がみえるほか、『扶桑五山記』に同寺の境致として輪蔵が挙げられており、(38)後に再興された可能性がある。円覚寺については、嘉暦二年（一三二七）に北条高時が定めた同寺制符に輪蔵が見出せる。また、応永元年（一三九四）頃成立の明月院絵図には、禅興寺の境内に輪蔵が描かれている。

鎌倉と京都どちらで最初に輪蔵が建立されたかは不明だが、両者の影響関係も想定し難い。中国との人的交流によって、別個の経路で技術が伝播したのではなかろうか。なお、元亨三年（一三二三）以前に上野国世良田の長楽寺、貞治四年（一三六五）以前に陸奥国会津の実相寺にも輪蔵が建立されており、鎌倉の建築技術者が関与した可能性が高い。

三　石碑文化の受容——中国文化としての碑文——

京都における中国石碑文化の受容

中国では、古来より文章（碑文）を刻んだ石碑が数多く立てられてきたが、それらのほとんどは、碑首の額に篆書による碑題（篆額）を備えている。[39]特に題額を備えた石碑は、中国起源であることから、ここでは中国系石碑と名づけたい。

日本に現存する最古の中国系石碑は、二尊院（京都市右京区）の「空公上人行業」石碑で、篆額に「空公行状」とある。[40]碑文には法然の門弟である湛空の事績が記されており、末尾に慶元府すなわち明州の石工である梁成覚が制作したとある。建長五年（一二五三）に没した湛空没後まもなくの造立とみられるが、碑身の石材産地および制作地については定かでない。

中国系石碑のほか、中国石碑文化の受容として注目したいのが、中国で唐代から撰述されてきた塔銘と呼ばれる僧侶の伝記である。塔銘は本来、塔所の銘を意味するが、碑文としての性格が色濃く、多くは石碑などのかたちで建立されたようである。日本でも鎌倉後期以降、渡来僧を始めとする禅僧によって塔銘が撰述されるようになり、なかには建立されたことを明記する事例も見出せる。

文和三年（一三五四）、夢窓疎石の伝記をまとめた「夢窓正覚心宗国師塔銘」碑が春屋妙葩によって天龍寺の三会院に立てられた。[41] この塔銘を撰述したのは、観応二年（一三五一）に来日し、南禅寺住持を務めた渡来僧の東陵永璵であった。妙葩の伝記『普明国師行業実録』には、この塔銘を雲居塔（疎石の塔所）の「後壁」に刻んだとあり、[42] 石材ではなく、木製の板に刻まれたと推測される。こうした塔銘木碑として、それぞれ享徳二年（一四五三）、応永二十三年（一四一六）に造立された「勅謚円通大応国師塔銘」木碑、「勅謚円光禅師可庵和尚塔銘」木碑が現存し、いずれも篆額を備えている。[43]

先述の永璵は、建長寺住持であった頃、無学祖元の伝記をまとめた『仏光無学禅師正脈塔院碑銘』を撰述したが、後に建仁寺住持の此山妙在の筆写本を基に、真如寺の正脈院に塔銘碑が建立された。[44] 永璵は文和四年から延文二年（一三五七）に建長寺住持を務めており、その間の建立とみられる。さらに永璵は、建仁寺住持の天境霊致からの求めを受け、清拙正澄の伝記をまとめた『清拙大鑑禅師塔銘』を撰述しており、この塔銘碑は建仁寺禅居庵（正澄の塔所）に建立された可能性が高い。[45]

このほか、南北朝期の京都禅院では、「仏灯国師約翁和尚塔銘」碑が南禅寺牧護庵（約翁徳倹の塔所）、「高山照禅師塔銘」碑が建仁寺霊洞庵（高山慈照の塔所）、「別源和尚塔銘」碑が同寺洞春庵（別源円旨の塔所）、「月篷見禅師塔銘」碑が同寺雲龍庵（月篷円見の塔所）、「夢窓正覚心宗普済国師」碑が天龍寺雲居庵に建立されたと推測される。[46] 建仁寺や天龍寺を中心として塔銘の建立が盛行したことがうかがえる。

鎌倉における中国石碑文化の受容

鎌倉時代に建立された中国系石碑としては、先述の「空公行状」石碑のほか、雄島（宮城県松島町）の「頼賢行実」石碑が知られる。[47] 上部の題額に「奥州御島妙覚菴頼賢菴主行実銘並序」とあり、碑文には、徳治二年（一三〇七）に建長寺住持の一山一寧が撰述した頼賢の伝記が刻まれている。徳治元年冬、頼賢門弟の匡心・孤運が師の「行実一通」を持って奥州から建長寺の一寧のもとを訪ね、撰述を依頼したという。その後、匡心らが持ち帰った碑文を基に、頼賢の門弟三〇人余りによって石碑が造立された。

碑文によると、頼賢は、四十二歳の時に松島円福寺の住持に招かれた円覚寺の無隠円範の門弟となった後、東福寺の円爾、建長寺の蘭渓道隆、寿福寺の大休正念に参じ、円福寺に戻った。その頃、鎌倉浄妙寺に移った円範に代わって空巌□慧が住持となっており、その推挙によって妙覚庵の庵主となったという。[48] 頼賢が師事した円範は、道隆の門弟で、中国に渡った経験があり、建仁寺、建長寺、円覚寺の住持を務めている。[49] □慧も道隆門弟の覚慧に当たる可能性が高く、円福寺では道隆の門流が住持を歴任しており、[50] 建長寺とのかかわりが深い。頼賢の門弟は、碑文の撰述に熟達した渡来僧の一寧が建長寺住持となった機をとらえ、碑文の撰述を依頼したのであろう。

南北朝期の建長寺では、「円通大応国師塔銘」碑が天源庵（南浦紹明の塔所）に、「日本建長禅寺古先原〔元〕禅師道行」碑が広徳庵（古先印元の塔所）に建立された可能性がある。[51]

現在、建長寺には、元禄五年（一六九二）造立の「建長興国禅寺」碑が現存する。[52] 碑文末尾に、「旧碑文」を「再彫刻」したとあり、現存の碑文とほぼ同文の『建長興国禅寺碑文』の永禄六年（一五六三）写本が知られる。[53] 永正十三年（一五一六）の『西来庵修造再興勧進状』によると、八幡大菩薩が建長寺の道隆のもとに参禅した場所の松は霊樹と呼ばれ、「碑文」が立てられたという。[54]『鎌倉五山記』には、建長寺の景物を列挙した箇所に「霊樹」が見出せ、池と赤松老木の間に「碑文」が立っているとの注記が加えられている。[55] 碑文の撰者は明記されていないが、貞和三年（一三四七）に住持として入院した渡来僧の竺仙梵僊と推測される。住持拝任によって、梵僊が京都から鎌倉に下って来た好機をとらえて、建長寺僧が撰文を依頼し、碑の建立に至ったのだろう。

以上のように、鎌倉では、多くの渡来僧を住持に迎えた建長寺で、中国石碑文化が受容された。円覚寺も同様の傾向にあったようで、嘉元元年（一三〇三）以前、同寺住持で渡来僧の西澗子曇が、無本覚心の伝記をまとめた『鷲峰開山法灯円明国師塔銘』を撰述している。[56] また、『鎌倉五山記』には、円覚寺正続院の景物として、「碑文」が挙げられており、「東陵筆」の注記がある。先述の東陵永璵の筆跡を刻んだ碑が、かつて正続院に存在したということになろう。正続院は無学祖元の塔所で、延文二年（一三五七）、永璵は円覚寺住持に転任している。先述のように、永璵は祖元の塔銘を撰述しており、その塔銘碑が正続院に造立された可能性が高い。

おわりに

最後に、本稿での考察をふまえて、都市鎌倉における中国文化受容の実態についてまとめておこう。鎌倉時代には、鎌倉が京都とともに中国文化受容の先進地となった。まず、出版文化については、折本装版本の刊行では京都や南都の律院が先行したが、鎌倉極楽寺の出版活動でも採用された。また禅院では、京都と鎌倉で並行して胡蝶装の版本が刊行された。これらは、中国出版文化の受容と位置づけられる。建築文化では、鎌倉後期に京都と鎌倉で、中国の高度な建築技術を導入して輪蔵が建立された。中国出版文化に基づく出版活動としては、京都では東山の泉涌寺・東福寺、鎌倉では山内の建長寺が中心地となったようである。その主導者は、京都では入宋僧の俊芿・円爾、鎌倉では兀庵普寧をはじめとする渡来僧であった。

南北朝期には、出版活動が禅院の塔頭を拠点に拡大し、京都では嵯峨の臨川寺、天龍寺を中心に盛行した。また、京都と鎌倉の禅院では、渡来僧によって塔銘が撰述され、塔頭の塔所に塔銘碑が造立されるようになった。その中心地となったのが、京都では建仁寺、天龍寺、鎌倉では建長寺、円覚寺で、中国石碑文化の受容と位置づけられる。こうして、中国文化としての出版文化、石碑文化が京都と鎌倉で同時並行的に開花した。その際に重要な役割を果たしたのが京鎌倉双方の禅院で活躍した渡来僧で、特に竺仙梵僊は禅籍の出版、東陵永璵は塔銘の撰述に尽力した。

今後は本稿の成果をふまえて、他の文化的要素も含めて、広く中世社会における中国文化受容の実態についても明らかにしていきたい。

【註】

（1）川添昭二「概観」（『鎌倉文化』教育社、一九七八年）。

（2）拙稿「東アジアのなかの鎌倉新仏教運動」（荒野泰典他編『日本の対外関係4　倭寇と「日本国王」』吉川弘文館、二〇一〇年）。

（3）木宮泰彦「平安時代の開版」（『日本古印刷文化史』冨山房、一九三二年）。

（4）拙稿「宋版一切経の輸入と受容」（『鎌倉遺文研究』二五、二〇一〇年）。

（5）平春生「泉涌寺版と俊芿律師」（石田充之編『鎌倉仏教成立の研究　俊芿律師』法蔵館、一九七二年）。

（6）「金剛仏子叡尊感身学正記」中（『西大寺叡尊伝記集成』）。

（7）拙稿「中世律家の出版事業と律法興行」（『戒律文化』九、刊行未定）。

（8）銭存訓「中国印刷術の起源と発展」（『中国の紙と印刷の文化史』法政大学出版局、二〇〇七年）。

（9）「願文集」（『鎌倉遺文』五一八一号）、「法然上人行状絵図」第三十五（続日本絵巻大成『法然上人絵伝』）。

（10）木宮泰彦「京都に於ける唐様版」（前注（3）書）。

(11)「東福開山聖一国師年譜」(『大日本仏教全書』九五)。
(12)「普門院記録」普門院造作並院領等事(『東福寺誌』弘安三年六月三日条)。蔵書の内容は、普門院蔵書目録から判明する(大日本古文書『東福寺文書』一─二八)。
(13)「普門院記録」普門院造作並院領等事(前注(12))。弘安三年(一二八〇)、円爾は俊顕に普門院の院主職を譲っている。「付嘱状」(『東福寺誌』弘安三年五月二十一日条)。
(14)木宮泰彦前注(10)論文。
(15)木宮泰彦前注(3)書「古刻書題跋集」。以下、これに依る場合は、本文中に括弧付きで番号を表記する。
(16)拙稿「中世の寺社と輪蔵」(東京大学日本史学研究室編『東京大学日本史学研究室紀要別冊 中世政治社会史論叢』同研究室、二〇一三年)。
(17)木宮泰彦「京都禅院の開版」(前注(3)書)。
(18)川瀬一馬「五山版の隆昌期」(『五山版の研究 上巻』日本古書籍商協会、一九七〇年)。
(19)木宮泰彦前注(17)論文、川瀬一馬前注(18)論文。
(20)住吉朋彦「日本漢学史における五山版」(『中世日本漢学の基礎的研究 韻類編』汲古書院、二〇一二年、初出二〇〇九年)。
(21)木宮泰彦「元の雕工と開版」(前注(3)書)。
(22)玉村竹二「五山叢林の塔頭に就て」(『日本禅宗史論集 上』思文閣、一九七六年、初出一九四〇年)。
(23)「吾妻鏡」正治二年正月十三日、寛元二年六月三日、同月四日条(新訂増補国史大系、以下同じ)。
(24)「吾妻鏡」建長三年三月九日条。
(25)前注(4)拙稿。
(26)「仏光国師語録」巻三(『大正新脩大蔵経』八〇、『大日本仏教全書』九五)、「大休和尚住建長禅寺語録」(『大日本仏教全書』九六)。
(27)納冨常天「東国仏教における出版文化」(『金沢文庫資料の研究』法蔵館、一九八二年、初出一九七五年）。
（28）木宮泰彦「鎌倉に於ける唐様版」（前注（3）書）。
（29）「泉涌寺文書」（『鎌倉遺文』二五七五号）。太田博太郎「泉涌寺」（『社寺建築の研究』岩波書店、一九八六年、初出一九四〇年）参照。
（30）「九条家文書」（『鎌倉遺文』七二五〇号）。太田博太郎「東福寺」（前注（29）書）参照。
（31）関口欣也『名宝日本の美術　第一三巻　五山と禅院』（小学館、一九八三年）。
（32）拙稿「中世の寺社と輪蔵」（前注（16））。以下、輪蔵に関しては本稿参照。
（33）関口欣也「覇都の創造」（『鎌倉の古建築』有隣堂、一九九七年）。
（34）前注（4）拙稿。
（35）「吾妻鏡」正治二年六月十五日、建仁元年三月三日、同三年三月十五日、貞応元年十月十五日条。
（36）太田博太郎「円覚寺」（前注（29）書）。
（37）大三輪龍彦編『浄光明寺敷地絵図の研究』（新人物往来社、二〇〇五年）。
（38）「扶桑五山記」三（臨川書店）、「別紙追加曲」巨山竜峯讃（中世の文学『早歌全詞集』）。
（39）土屋昌明「銘と碑」（井垣清明他編『書の総合事典』柏書房、二〇一〇年）。
（40）川勝政太郎「二尊院空公行状碑の研究」（『京都石造美術の研究』河原書店、一九四八年）。
（41）「天龍開山特賜夢窓正覚心宗国師塔銘并序」（『大日本史料』六編之十五、観応二年九月三十日条）。
（42）「宝幢開山智覚普明国師行業実録」（『続群書類従』九下）。
（43）特別展「妙心寺　禅の心と美」実行委員会編『妙心寺』（同委員会、二〇〇九年）二三頁、『西尾市悉皆調査報告5　社寺文化財報告書　工芸・金石文Ⅱ』（同市、二〇〇〇年）四七～五〇頁。
（44）「仏光国師語録」巻九、大日本山城州万年山真如禅寺開山仏光無学禅師正脈塔院碑銘（『大正新脩大蔵経』八〇）。
（45）「禅林僧伝」一、清拙大鑑禅師塔銘（『大日本史料』六編之五、暦応二年正月十七日条）。

(46)「大日本国特賜仏灯国師約翁和尚無相之塔銘并序」(『続群書類従』九上)、「日本国京師建仁禅寺高山照禅師塔銘」(同前)、「日本故建仁別源和尚塔銘並序」(同九下)、「日本国建仁禅寺住持月篷見禅師塔銘序」(同前)、「夢窓国師語録」巻下二、日本国天龍禅寺開山夢窓正覚心宗普済国師碑銘(『大正新脩大蔵経』八〇)。
(47)『松島の板碑と歴史』(宮城いしぶみ会、一九八二年)二九頁。
(48)入間田宣夫「東の聖地・松島」(同他編『よみがえる中世7　みちのくの都』平凡社、一九九二年)、舘隆志「一山一寧撰「頼賢の碑」と松島瑞巌寺」(『禅学研究』八四、二〇〇六年)参照。
(49)玉村竹二「無隠円範」(『五山禅僧伝記集成』講談社、一九八三年)、舘隆志前注(48)論文。
(50)舘隆志前注(48)論文。
(51)「円通大応国師塔銘」(『続群書類従』九上)、「宋文憲公全集」二十、日本建長禅寺古先源禅師道行碑(『大日本史料』六編之四十、応安七年正月二十四日条)。
(52)大塚・古田土俊一「建長興国禅寺碑の紹介と分析」(『鎌倉』一一四、二〇一三年)。
(53)川瀬一馬編『お茶の水図書館蔵新修成簣堂文庫善本書目』(お茶の水図書館、一九九二年)二八四頁。
(54)「西来菴修造勧進状」(『大日本史料』九編之五、永正十二年七月二十七日条)。
(55)「鎌倉五山記」(『改定史籍集覧』、『続群書類従』二七下)。
(56)佐藤秀孝「西澗子曇の渡来とその功績」(『駒沢大学仏教学部論集』三八、二〇〇七年)。

仏教美術を通じてみた鎌倉と東アジア

内藤　浩之

はじめに

鎌倉地方の仏教美術、とりわけ仏教彫刻史研究にかかわる状況を概観すると、比較的多くの作例に恵まれていた鎌倉地方は、戦前からすぐれた作品が旧国宝（現在の重要文化財）に指定されており、またその位置づけも例えば運慶・快慶をはじめとする先行研究が充実した作例群との比較を軸になされることが多かった。そうしたなかで、鎌倉地方の彫刻の特徴として特に慶派の影響と大陸文化の影響が指摘されてきた(1)。

その後鎌倉市教育委員会により、昭和四十六年度から同五十六年度にかけて文化財総合調査が実施され、詳細な所蔵状況が報告される(2)。こうした自治体による域内の文化財悉皆調査が全国各地でも実施されるようになり、その成果に基づき、個々の作例のそれまでの位置づけが徐々に見直される場合も生じた。その一例として、それまで南北朝時代から室町時代の制作と考えられてきた作品が、鎌倉時代までさかのぼると考えられるようになったことが挙げられる。

そのほか、悉皆調査データの蓄積に伴い、銘文をもつ在銘彫刻の報告が増加し、制作年とともに仏師の作家系統の研究も進展した。特に院派と呼ばれる工房はうねるような衣文と独特な構造技法を特徴とし、全国でも多くの作例が紹介され、中世彫刻史を理解するうえで極めて大きな存在であることが知られるようになったのもその顕著な例である[3]。

さらに近年、鎌倉地方に伝わる作例のなかで、仏師肥後定慶がかかわったと想定される作例がいくつか紹介されるなど[4]、鎌倉時代前半期の作品研究の詳細な整理も試み続けられている。

このように作家系統の視点からの研究が着実に進む一方、大陸文化の影響の点でもいくつかの論点が指摘されている。建長寺開創を契機とする十三世紀半ばあたりから鎌倉では急激に中国風が珍重されるようになっていったとみられており、具体的な例として宝冠釈迦如来像、法衣垂下像、土文の技法等が挙げられることが多い[5]。

これらの特色のなかで、本稿で取り上げるのが、水月観音、白衣観音、楊柳観音とも称される観音菩薩遊戯坐像である。足を垂下させ、片方の手で上半身を支え、頭部をやや下に傾け、水面を見るかのような、くつろいだ自由な姿の観音菩薩像は中国で五代頃より制作されており、特に後世、禅宗絵画の画題としてしばしば取り上げられるようになる。

一方で特に彫刻については、水月観音菩薩像の作例が鎌倉地方に多く伝わり、他地域ではほとんどみられないことが、早くから指摘されていた。(6) そこで本稿では、仏教美術、特に水月観音菩薩像の彫刻の作例を中心とした受容の状況を通じて、東アジアにおける中世都市鎌倉の特質を垣間見ようとするものである。

なお、いわゆる観音菩薩遊戯坐像については、水月観音、白衣観音、楊柳観音とも称されたり、そもそも「遊戯坐像」については単に「坐像」という表現が使われたり、「踏み下げ像」と称したりする場合もあり、像の呼称がいまだ定まっていない点が問題として残る。本来ならば、そうした呼称を整理したうえで取り上げるべきであるが、特に彫刻作品については、身体各部だけでなく持物や岩座等が制作当初のまま残っているかどうかといった保存状況の問題もあり、各作例の名称にかかわる明確な整理が困難であるのも事実である。従って、本稿では専ら水月観音という表現を使用することとする。

以下、日本、中国、朝鮮半島の順に各々の地での水月観音菩薩像の具体的な作例と分布状況について概観したい。

一　鎌倉ゆかりの作例

はじめに日本における水月観音像の導入の経過を概観すると、早くは平安期の入唐僧によりすでにもたらされており、九世紀には知られるところとなっていたことが確認される。[7]しかし、その後も特段、流行したという記述や作例もなく、鎌倉前期の醍醐寺座主、成賢の著作に触れられるほか、[8]十三世紀後半に編まれた『阿娑縛抄』においても、像容がさまざまあり本尊として修することはないかのような記述がみられる程度であり、[9]鎌倉地方に登場するまで、ほとんど重要視されていなかったことがうかがわれる。[10]

次に、鎌倉地方ないしは鎌倉とゆかりがある地域に伝わる水月観音について、順次、主な作例を概観する。

まず横須賀・清雲寺の観音菩薩坐像が挙げられる。[11]像は右膝を立て、その上に右手を置き、左足は垂下し、左掌は台座に伏せて上半身を支える姿勢である。中国・南宋時代に制作されたものが鎌倉地方にもたらされたとみられており、こうした像が規範のような形となり、当地においてもそれにならった像が造られるようになっていったと考えられる。

続いて建長寺塔頭の禅居院の観音菩薩坐像（写真1）は、日本で制作されて現存する水月観音の彫刻作例のなかでも、比較的古例に属するものと思われる。像は左足を垂下させ

写真1　観音菩薩坐像（禅居院）
〈清水眞澄『岩波グラフィックス29　鎌倉の仏像文化』岩波書店、昭和60年〉

写真2　水月観音菩薩坐像（東慶寺）
〈特別展図録『鎌倉の精華──鎌倉国宝館開館80周年記念──』鎌倉国宝館、平成20年〉

る点では清雲寺像と共通するが、立膝とせず、右手を台座に伏せて上半身を支える姿勢である。密集した衣文は、清雲寺像の簡略な衣文とは好対照を示す。

次に東慶寺の水月観音菩薩坐像（写真2）が挙げられる。左足を踏み下げるのは共通するが、右膝は立てず、また上半身を支える右手は台座に掌を伏せるのではなく、肘で岩座に載せる形である。顔を像の右に振り、上半身を大きく傾け、さらに垂下させた左足が外側に流れていくように表されることから、類例のなかでも「遊戯」の度合いが強い作例といえる。それゆえ、鎌倉の水月観音像の代表的な例として取り上げられることが多い作例でもある。

横浜の慶珊寺の十一面観音菩薩像は、現状では頭上面が失われているが、柄穴が確認されるため、当初は十一面観音像として制作されたことがわかる。銘文から正慶元年（一三三二）に仏師院誉によって制作されたことが知られる。もと鶴岡八幡宮寺伝来ということで、遊戯坐像が真言宗寺院で祀られていたこと、また十一面観音像にも採用されたことが知られる点で珍しい例といえる。

静岡県伊豆の国市の北條寺に伝わる観音菩薩坐像は、鎌倉からやや離れているが、北条氏とのゆかりの深さから、鎌倉と同様の礼拝環境が共有されていたと想像される。本像も立膝とせず、左足を垂下させ、右手を地面に伏せて上半身を支えている。

続いて愛媛県等妙寺の観音菩薩坐像が挙げられる。左足を立て、右足を垂下させて右手で上半身を支える姿であるが、日本の作例の観音像では珍しく立膝としている。等妙寺は、鎌倉時代末期に創建された天台系律宗の山岳寺院で、京都・法勝寺の「遠国の四箇戒場」の一つであるが[12]、この四箇戒場の一つに鎌倉の宝戒寺があることが注目される。実際、宝戒寺文書には宝戒寺第二世の惟賢が、建武四年（一三三七）に法勝寺で伊予国住人の等空に受戒した記述[13]や、貞治三年（一三六四）に等妙寺第二世の通悟に「菩薩円頓授戒灌頂記」を授けている記述[14]がみえる。これらの記事が、本像の制作と直接的なかかわりがあるかどうか現時点では不明であるが、鎌倉との接点のなかでこうした像容が採用された可能性も考えられる。

平塚市の青柳院に伝わる観音菩薩坐像[15]は、像容としては東慶寺像に近く、立膝とせず、右肘で上半身を支え、左足を垂下させる。青柳院は天台宗に属するが、近隣に鎌倉・宝戒寺の惟賢ともゆかりの深い光明寺（金目観音堂）が所在する。本像と鎌倉との関係については不詳であるが、間接的ながらも天台宗におけるつながりのなかで遊戯坐像が伝来した可能性があるという点で、前述した等妙寺とともに注目されよう。

ここで取り上げた水月観音像はいずれも鎌倉地方または鎌倉とゆかりのある場所に伝わるものであるが、制作時期については鎌倉から室町時代の中世に限られており、近世に入って繰り返し制作されたような形跡はない。従って、従来指摘されているとおり、日本における彫刻の水月観音像の受容と展開は、地域的にも時代的にも極めて限定された、中世の鎌倉地方においてのみ展開したものであったと想像される。

二　中国の作例

それでは、日本あるいは鎌倉が模範としていた、中国における水月観音像の状況について、絵画作例も含めて確認してみよう。[16]

水月観音のはじまりについては、唐時代の張彦遠により大中元年(八四七)に記された『歴代名画記』によれば、周昉という画家によりはじめられたとされており、[17]高僧による感得といった宗教的な経験に基づいた様子はうかがわれない。さらに同書によれば、勝光寺に周昉により描かれた水月観音があり、この時点ですでに円光と竹を伴うものであったこともわかる。[18]

写真３　観音菩薩坐像　ネルソン・アトキンズ美術館〈『世界美術大全集・東洋編　第6巻　南宋・金』小学館、平成12年〉

京都・清凉寺本尊である釈迦如来立像体内納入品の鏡像に線刻された水月観音菩薩像は、釈迦如来像を東大寺の奝然が北宋の雍熙二年（九八五）に造立しているため、制作年の下限がそれにあたる。描線はやや素人的であるが、蓮池から隆起した岩上に、左手を地につき右膝を立てる姿で、背景に竹林が添えられている。

続いて仁和寺所蔵の別尊雑記は墨書の注記から、宋時代の泉州で写されたものを、日本で寛治二年（一〇八八）に供養したことが知られる。竹林を上方に頂いた岩上で右膝を立て、左肘で岩にもたれかかり足を垂下させない姿勢である。ここから、十一世紀後半には海上交通の拠点であった福建省の泉州にこうした遊戯坐像の観音信仰があったことがわかる。

中国国家博物館所蔵で浙江省所在の万仏塔石室より発見された観音菩薩像は、石室の部材に嘉祐七年（一〇六二）の銘があり、本像の制作もこれに近い十〜十一世紀と考えられる。右膝を立て左足を垂下させ、左手を地面に伏せて上半身を支える姿勢で、岩座下方には水瓶を配し、大円光を背面に負っている。

アメリカのカンザスシティーのネルソン・アトキンズ美術館が所蔵する観音菩薩坐像（写真

3）は、総高が二メートルを超える巨像で、右膝を立て、左足を垂下し、伏せた左手で体を支える姿勢である。宝冠や胸飾りの繊細な彫りの一方で、過不足ない肉身部の量感表現、さらにのびやかな両手のバランスなど、現存する木彫の水月観音像のなかでも大型で、かつ作品としての完成度も高い例として特筆される。

続いて敦煌石窟の近隣にある安西楡林石窟内の水月観音像の壁画は、詳細な像容がうかがわれないが、竹林を伴った岩座に右膝を立てて坐り、左手で上半身を支えて足は垂下させる姿勢である。敦煌にはこのほか莫高窟伝来とされる十世紀の水月観音像の作例も伝わることから、中国大陸の海岸部だけでなく、西域の内陸部でも遊戯坐の観音菩薩が信仰されていたことがわかる。

イギリスのヴィクトリア&アルバート美術館に伝わる観音菩薩坐像については、欧米の他の美術館に収蔵されている、量感豊かな作風を示す同趣向の木彫の作例群が山西省で制作されていることから、本像も山西省伝来ととらえる考え方がある。(19) 各像の詳細な伝来経過が不明ななかでは慎重を期すべき点もあるかと思われるが、そうした前提で理解するならば、先のネルソン・アトキンズ美術館の作例のようなものも含めて、木彫の遊戯坐の観音菩薩像が山西省を中心とした造像環境でもたらされた可能性も高いとも考えられ、中国大陸の周縁部だけでなく、いわゆる中原と称される中央部でも信仰されていたことが想定される。

続いて四川省にある大足石窟の水月観音像として、北山第一三三龕が挙げられるが、右膝を立て、左足を垂下し、左手で上半身を支える姿勢である。丈の高い宝冠、豪華な胸飾りや瓔珞、幾重にも重なって翻る天衣は美しく、また立膝に載せてまっすぐに伸ばした右手も優雅である。同じく大足石窟の宝頂山円覚洞の水月観音像は、左足を立て、右足は垂下せず、右手で上半身を支える。丈高い宝冠や胸飾りなどの装身具は華麗であるが、肉身の量感表現は控えめで、面部も実人的になっている。両像の存在から、四川省においても水月観音信仰が隆盛していたことがわかる。

またこのほか文献からも、四川省成都の状況を記した『益州名画録』には、すでに九世紀に水月観音像が描かれていたことが知られる。[20]

写真４　観音菩薩坐像　神奈川県立歴史博物館〈特別展図録『聖地　寧波』奈良国立博物館、平成21年〉

このほか、制作地等は不明ながらも日本に現存する中国由来の作例がいくつか伝わる。

神奈川県立歴史博物館所蔵の観音菩薩坐像（写真4）は、右膝を立て、左足を垂下させ、左手で上半身を支える。伝来経過等は不明であるが、先述した山西省グループのなかに位置づけられる可能性もあるかもしれない。像内に五臓六腑の納入品があり、生身信仰的な側面もうかがわれる。

建長寺に伝わる観音菩薩像の画像は、右膝を立て、左足を垂下し、左手で上半身を支える。さらに善財童子が画面向かって右下隅に描かれており、「華厳経」入法界品に基づくものと考えられる。後に触れる高麗時代の仏画にはこの組み合わせが多く、建長寺本のような作例が、そうした作品の規範的な存在であった可能性が高いといえる。

以上、ごく一部ではあるが、中国所在ないしは中国で制作されたとみられる水月観音像の作例を概観した。一部の石窟寺院に伝わるもの以外は本来の制作地が判然としない作例が多いが、中国大陸の各地で水月観音に対する信仰が存在したことがうかがわれ、先述した日本における鎌倉を中心とした地域でみられる限定的な信仰のあり方とは、大きく異なることが垣間見える。

三　朝鮮半島における作例

続いて朝鮮半島における水月観音の受容と信仰の状況について、まず文献の側面から確認してみよう。[21]

中国で文献的には九世紀半ばには登場していたとみられる水月観音信仰が朝鮮半島にもたらされた時期の王朝は、高麗（九一八～一三九二）と考えられる。現時点で確認される文献上の初見は、十一世紀の大覚国師義天の著作である。[22]それによると、義天の兄で後に国王になる国原公が、新たに描かれた水月観音の画像に賛文を寄せたことが知られる。これにより十一世紀の高麗の王室内ですでに水月観音が信仰されていたことがわかる。

また十二世紀から十三世紀にかけて活躍した李奎報の著作『東国李相国集』においては、北方の契丹族の兵をはらう祈祷のため、千手観音図の点眼をしたが、その像容は水月観音であったとの記述が確認される。(23)

さらに李斉賢の著作『東文選』では、中統三年(一二六二)に高麗王朝の首都・開京の福霊寺の水月観音像に礼拝する様子が確認される。(24)これら複数の記録から、高麗王朝では首都周辺あるいは上層部において水月観音信仰が定着していた様子がみてとれる。

ここで具体的な作例をみると、朝鮮民主主義人民共和国・ピョンヤンの朝鮮中央歴史博物館所蔵の純金製の菩薩坐像が挙げられる。頭部の宝冠が亡失し、化仏の有無が確認できないが、右膝を立てて左足を垂下させる像容から、水月観音像として取り上げた。江原道金剛山伝来とのことであるが、詳細な伝世経過は不明である。

引き続き朝鮮中央歴史博物館所蔵の金銅観音菩薩坐像は、右膝を立て、左足は垂下せず、左手で上半身を支える姿勢である。円光はないが、先に中国で取り上げた万仏塔伝来の像と同様に、右足脇に水瓶を配しており、江原道金剛山伝来と伝える。

このほか同館所蔵の石仏で、もと開城市の観音寺伝来の観音菩薩像は、右足を垂下させるが、立膝とはせず、上半身を支えるように手を台座に伏せることもない。ここで水月観音として取り上げるのもややためらわれるが、足を垂下させている点をバリエーションの一つとみた。

一方、大韓民国・ソウルの国立中央博物館所蔵の観音菩薩像は、右膝を立て、左足を垂下させるが、上半身を支える手を台座に伏せることはなく、両手ともに前に出し、印を結んでいる。本像も江原道金剛山伝来とされる。

もう一点、国立中央博物館の観音菩薩像は、朝鮮半島の金属製の水月観音像のなかでは像高が約四〇センチあり、比較的大型の部類に属する。右膝を立て、左足は垂下しないが、左手で上半身を支える。伝来等は不明ながら、華麗な宝冠、瓔珞等がよく残る、優品である。

このほか、朝鮮半島系の文物が多く伝わる対馬にも水月観音像が伝わる。対馬藩主宗家の菩提寺である万松院に伝わる像は、右膝を立て、左足を垂下し、左手で上半身を支える姿勢である。像全体の表現も今までみてきた作例に比べると装身具の表現が簡略で、身体各部の把握もいくらか概念的である。制作地等については不明であるが、同じ朝鮮半島でも先にみたピョンヤン、ソウルの博物館に伝わる作品群とは別系統の作風を有する工房の存在がうかがわれる。

このほか、高麗時代の次に続く朝鮮王朝時代（一三九二〜一九一〇）の制作とされる作品ではあるが、慶尚北道の古都、慶州に所在する祇林寺像も挙げられる。像高は九一センチと類例中では大型で、立膝としないが、右足を垂下し、左手で上半身を支える。

このように、彫刻の例は必ずしも多く伝わっていないが、一方で絵画の例は三〇を超える点数が報告されている[(25)]。

以上、現存作例の少ないなかでは、朝鮮半島での水月観音の信仰の全貌をうかがうには十分ではない。しかし文献や作例を通じて垣間見えてくるのは、王室を中心とした首都開京で厚い信仰を得ていたほかに、古来、信仰の山として名高い金剛山（江原道）や、慶尚北道でも作例が伝わるなど、地域的に偏りのない広がりをもった状況であったということである。

おわりにかえて

本稿では鎌倉および鎌倉ゆかりの地に伝わる水月観音の彫刻を取り上げることで、東アジアのなかの鎌倉という都市についての特色や問題点を浮き彫りにすることを目的とした。その手法として水月観音像の信仰にかかわる日本、中国、朝鮮半島の状況を概観したが、中国大陸や朝鮮半島ではあまり地域的な偏りがみられないのに対し、日本では鎌倉およびゆかりのある地域に偏って伝わっているという傾向があったことがみてとれる。つまり、十三世紀から十六世紀にかけての東アジアにおいて「遍在」していた水月観音像の彫刻は、日本では鎌倉地方に「偏在」していたとも言い換えられよう。そしてこの特色は、日本のほかの都市では取捨選択の結果として採用されなかった像容が鎌倉では素直に受け止められて再表現され、なおかつ護り伝えられたということであり、そうした外来文化の受容の様相、すなわち結果としてほかのアジアの諸都市と同じ礼拝空間を量のみならず質的にも構築するという姿勢こそ、鎌倉という都市の独自性であったとみることもできる。

もちろんここまで断定するためには、個々の作品の位置づけをより明確にし、影響関係の状況を詳らかにしてゆくのが、美術史側の研究者に課せられた今後の課題と考えられる。そしてこうした課題を解決するいくつかの議論の一つとして、鎌倉地方に伝わる各作品の制作地の確定の問題が挙げられる。(26) 例えば円覚寺所蔵の被帽地蔵菩薩像は高麗時代の作と考えられるが、中世の鎌倉びとにとって、おそらくはそれは高麗の作品としてではなく、中国大陸からもたらされたいわゆる唐物の一つとして受容されていたと想像される。

さらにそれら作品の国籍の問題と関連して重要な問題が、伝来経過の検証である。個々の作品を中世都市鎌倉とのかかわりのなかで考える場合、その像が制作当初からそこで祀られていたのか、あるいは中世のある時期に他所から移されたのか、さらには近世、近代以降の施入であるのかといった問題点は、その結果に応じて個々の作品の位置づけが大きく異なってくる可能性が高い。従ってこの点は可能な限り吟味したうえで、考察を進める必要があると考える。

これらの国籍と伝来経過の課題は、すでに仏画を含めた絵画や陶磁器等の分野では先行している部分もあるかと思われるが、中国大陸と鎌倉という二点間の流れだけではなく、朝鮮半島も含めた流れも加味した仏教美術史研究を進めることで、東アジアにおける中世都市鎌倉の姿がより一層、浮き彫りになるのではないだろうか。

【註】

（1）鎌倉地方彫刻を取り上げた早い頃の代表的な概説として、次の論稿が挙げられる。
丸尾彰三郎「『鎌倉』の彫刻」（『鎌倉国宝館論集』所収、昭和三十二年）。

水野敬三郎「鎌倉・室町時代の関東彫刻」（久野健編『関東彫刻の研究』所収、昭和三十九年、学生社）。

渋江二郎「鎌倉地方彫刻概説」（『鎌倉彫刻史の研究』所収、昭和四十九年、有隣堂）

（2）鎌倉市教育委員会編『鎌倉市文化財総合目録――書跡・絵画・彫刻・工芸篇』、昭和六十一年、鎌倉市。

（3）中世の院派仏師については、以下の論稿に詳しい。
清水眞澄「第一部　院派仏師をめぐって」（『中世彫刻史の研究』）所収、昭和六十三年、有隣堂）。

特別展図録『中世の世界に誘う　仏像　院派仏師の系譜と造像』、平成七年、横浜市歴史博物館。

山本勉「院派仏師と唐様の仏像」（『日本の美術No.四九三』）所収、平成十九年、至文堂）。

（4）塩澤寛樹「鎌倉・明王院不動明王坐像と肥後定慶」仏教芸術二四二、平成十一年、毎日新聞社（後に改稿して『鎌倉時代造像論――幕府と仏師』所収、平成二十一年、吉川弘文館）。
山本勉「中世前期の仏師と仏像」（『日本美術全集　第七巻　鎌倉・南北朝時代Ⅰ　運慶・快慶と中世寺院』所収、平成二十六年、小学館）。

（5）前掲註（1）に同じ。

(6) 前掲註 (1) に同じ。また作例を通じて詳述したものとして下記の論稿がある。
清水眞澄・林宏一・山田泰弘「宋風彫刻再考(上)――法衣垂下像と半跏像について――」仏教芸術一二一、昭和五十三年、毎日新聞社。

山田泰弘「宋風彫刻再考(中)――法衣垂下像と半跏像について――」仏教芸術一二三、昭和五十四年、毎日新聞社。

林宏一「宋風彫刻再考(下)――法衣垂下像と半跏像について――」仏教芸術一二六、昭和五十四年、毎日新聞社。

浅見龍介「都市鎌倉の宋風彫刻」(林温編『仏教美術論集 第一巻 様式論――スタイルとモードの分析』所収、平成二十四年、竹林舎)。
(7) 円行『霊巌寺和尚請来法門道具等目録』
「水月観自在菩薩像一軀」
常暁『常暁和尚請来目録』
「水月観世音菩薩像一軀」
「右大悲之用。化形万方。館思衆生。抜苦与楽。故示像相使物生信。今見唐朝世人。総以為除災因。天下以為生福縁也。是像此間未流行。故請来如件。」
(8) 成賢『薄双紙』第二重巻四
「水月観音像。大海中有石山。石山上繋尻垂下左足。右足立膝相叉鈎左膝。面少仰作思惟相詠月與水之様也。尊像頂上有月輪。像前有海水也」
(9) 承澄撰『阿娑縛抄』水月観音
「形像世間流布様々也」

「為本尊修行事無歟。只化現菩薩也」
(10) 林温「水月観音、白衣観音そして楊柳観音について」鎌倉七二、平成五年、鎌倉文化研究会(後に改稿して『鎌倉仏教絵画考――仏画における「鎌倉派」の成立と展開――』所収、平成二十二年、中央公論美術出版）。

（11）本像についてはすでに複数の論稿で取り上げられているが代表的なものとして、奥健夫「清雲寺蔵　観音菩薩坐像」（国華一二八八、平成十五年、朝日新聞出版）がある。

（12）『史跡等妙寺旧境内保存管理計画策定報告書』（平成二十二年、鬼北町教育委員会）。

（13）「四一五　惟賢筆授戒法則」『鎌倉市史　史料編　第一』所収（昭和三十三年、吉川弘文館）。

（14）「四七九　聖教奥書　47　昌俊筆菩薩圓頓授戒灌頂記奥書」『鎌倉市史　史料編　第一』所収（昭和三十三年、吉川弘文館）。

（15）『平塚市文化財研究叢書（四）平塚の仏像』（平成三年、平塚市教育委員会）。

（16）中国における水月観音図の成立と分類について以下の論稿が詳しい。
山本陽子「水月観音図の成立に関する一考察」美術史一二五、平成元年。
潘亮文「水月観音像についての一考察　上」仏教芸術二二四、平成八年、毎日新聞社。
潘亮文「水月観音像についての一考察　下」仏教芸術二二五、平成八年、毎日新聞社。

（17）張彦遠『歴代名画記』巻第十
「周昉字景玄、官至宣州長吏、初効張萱画、後則小異、頗極風姿、全法衣冠不近閭里、衣裳勁簡、彩色柔麗、菩薩端厳、妙創水月之体」

（18）張彦遠『歴代名画記』巻第三　西京寺観等画壁
「勝光寺、（中略）、塔東南院、周昉画水月観自在菩薩掩障、菩薩円光及竹並是劉整成色」

（19）黄休復『益州名画録』
左全「宝暦年中声馳闕下　於大聖慈寺（中略）文殊閣東畔水月観音」
范瓊「范瓊者　不知何許人也　開成年與陳皓彭堅同時同藝　寓居蜀城（中略）聖寿寺大殿（中略）殿上小壁水月観音（中略）并大中年畫」

（20）John Larson & Rose Kerr, "Guanyin: A Masterpiece Revealed", Victoria and Albert Museum (London,1985).

(21) 朝鮮半島における水月観音図の受容と展開については以下の論稿が詳しい。
林進「高麗時代の水月観音図について」美術史一〇二、昭和五十二年。
林進「新出の高麗水月漢音図について」仏教芸術一二三、昭和五十四年、毎日新聞社。
(22)『大覚国師文集』巻十八「和国原公讃新画成水月観音」
(23) 李奎報『東国李相国集』巻四十一　釈道疏
崔相国攘丹兵画観音点眼疏　晋康公元嗣也此下十九首皆相国所謂代作
「(中略) 謹案大悲陀羅尼神呪経云、若患難之方起、有怨敵之来侵、疾疫流行、鬼魔耗乱、当造大悲之像、悉傾至敬之心、幡蓋荘厳、香花供養、則挙彼敵而自伏、致諸難之頓消、奉此遺言、如承親嘱、玆倩丹青之手、用摹水月之容、吁哉絵事之工、肖我白衣之相、(後略)」
(24) 李斎賢『東文選』巻一　百二十四　墓誌
推誠翊祚同徳輔理功臣三重大匡修文殿大提学領都僉議使司事永嘉府院君贈諡文正権公墓誌銘
「(中略)、祷于福霊寺水月菩薩像、以中統三仲冬十有一日日将哺而生公、(後略)」
(25) 鄭于澤「高麗仏画の図像と美しさ――その表現と技法――」(『高麗時代の仏画』所収、平成十二年、時空社、ソウル)。
(26) 文化財と国籍については、井手誠之輔「指定文化財の国籍と作品のアイデンティティ」(『日本の美術四一八　日本の宋元仏画』所収、平成十三年、至文堂)に詳しい。

中世鎌倉のみちと造塔

古田土 俊一

はじめに

中世鎌倉の考古学的研究は、赤星直忠をはじめとした多くの先学によって始められた。その嚆矢となるのが、山稜部に所在する鎌倉を代表する遺構「やぐら」や全国的にみて造立数の多い「石塔」の研究である。その後、寺院址の発掘調査が開始され、中世寺院の検討が進められる。さらに、高度経済成長期に伴う市内遺跡調査の増加によって蓄積された資料をもとに、今小路西遺跡のような武家屋敷の様相を呈する遺跡の検討や、町屋、大路の検討がなされるようになった。研究の対象は鎌倉の中心部にまで拡大したといえる。また近年では、由比ヶ浜南遺跡のような海岸部の大規模調査の事例をもとに、中世鎌倉の海岸線や海浜部の様相についての議論が交わされ、浜地の様相について一定の共通認識が形成されつつある。

このように年々蓄積される市内遺跡の調査成果は、日々都市鎌倉の様相を明らかにしているが、どうしても調査件数の多い市内中心部に目を向けてしまう傾向があり、いうなれば鎌倉を狭い範囲に限定して議論を重ねていたように思う。そこで本稿では視点を変え、もう少しマクロな視点から鎌倉を見てみようと考える。資料は、やぐら、仏像、石塔といった信仰の対象物を用い、山稜部や鎌倉の周辺地域にもう一度注目するとともに、都市における石塔造立の目的、交通路とのかかわり、ひいては広い意味での鎌倉の境界や範囲について考えたい。

本研究を進めるにあたり、まず着手したのが地図の作成である。これまで鎌倉を検討する際に用いる地図は、等高線を伴った国土地理院発行地図をそのまま使用することが主であった。この地図は正確ではあるものの、高低差を認識しづらいという難点が伴う。しかし、鎌倉を語るうえで地形は切り離せないものであり、山稜部の地形、標高差を一目で見分けられる詳細地図の必要性を感じていた。そこで作成したのが今回の地図である。国土地理院の地図を下地に、等高線に色分けを施した。鎌倉の山は最高峰でも一五〇メートル前後であり、このほか一〇〇メートル以上となる範囲は少ないことから、区分けした等高線は二〇メートル、五〇メートル、七〇メートル、九〇メートルのみで充分と判断した。

また、海岸線については、例を挙げるなら六浦辺りは現在工業地帯として開発が進み、中世当時の様相が現存しない。そこで、開発以前の地図である明治十三年〜十九年に陸軍が作成した『迅速測図』をもとに海岸線を復元した。(1) なお『迅速測図』に記される明治期の道についても、大型の道路を優先しつつ可能な限り落とし込んでいる。

やぐらからの検討

まずは、やぐらを用いた検討を試みる。やぐらは鎌倉を代表する遺構であり、南関東では三浦半島、東京湾を隔てた千葉県までの分布がみられるが、特に鎌倉一帯に集中する様相が周知されている。この集中する範囲を広域な視点からみてみた場合、分布傾向から鎌倉の境界を仄めかす何らかの痕跡を読み取れはしないかと考えた。

用意したのは南関東におけるやぐらの分布図である(2)(図1―1)。千葉県の上総から安房にかけての内房と安房の外房、三浦半島のほか横浜や小田原近辺にまで分布がみられるが、鎌倉の数量は群を抜いていることが看取できる。この集中域はやはり鎌倉の範囲や境界を示しているとみたい。また、鎌倉に地図を寄せてみると、たしかに鎌倉の中心部を取り囲むようにやぐらが点在していることがわかる(図1―2)。ただこの地図に示した範囲のやぐらは鎌倉から離れるにつれ減少傾向にあるものの、およそ六浦や逗子付近までの分布量

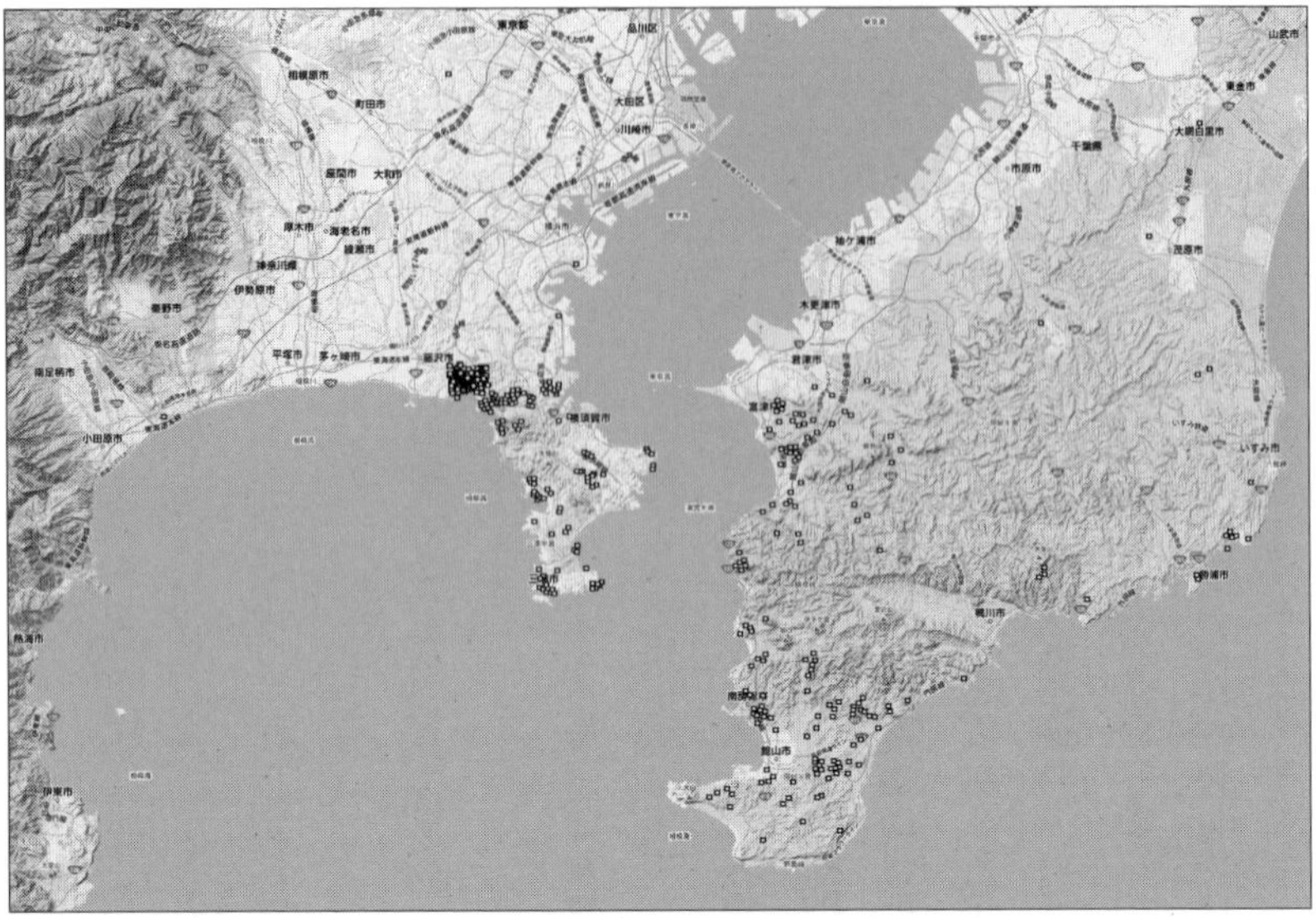

図1-1　南関東やぐら分布図（Googleマップ地形図を使用）

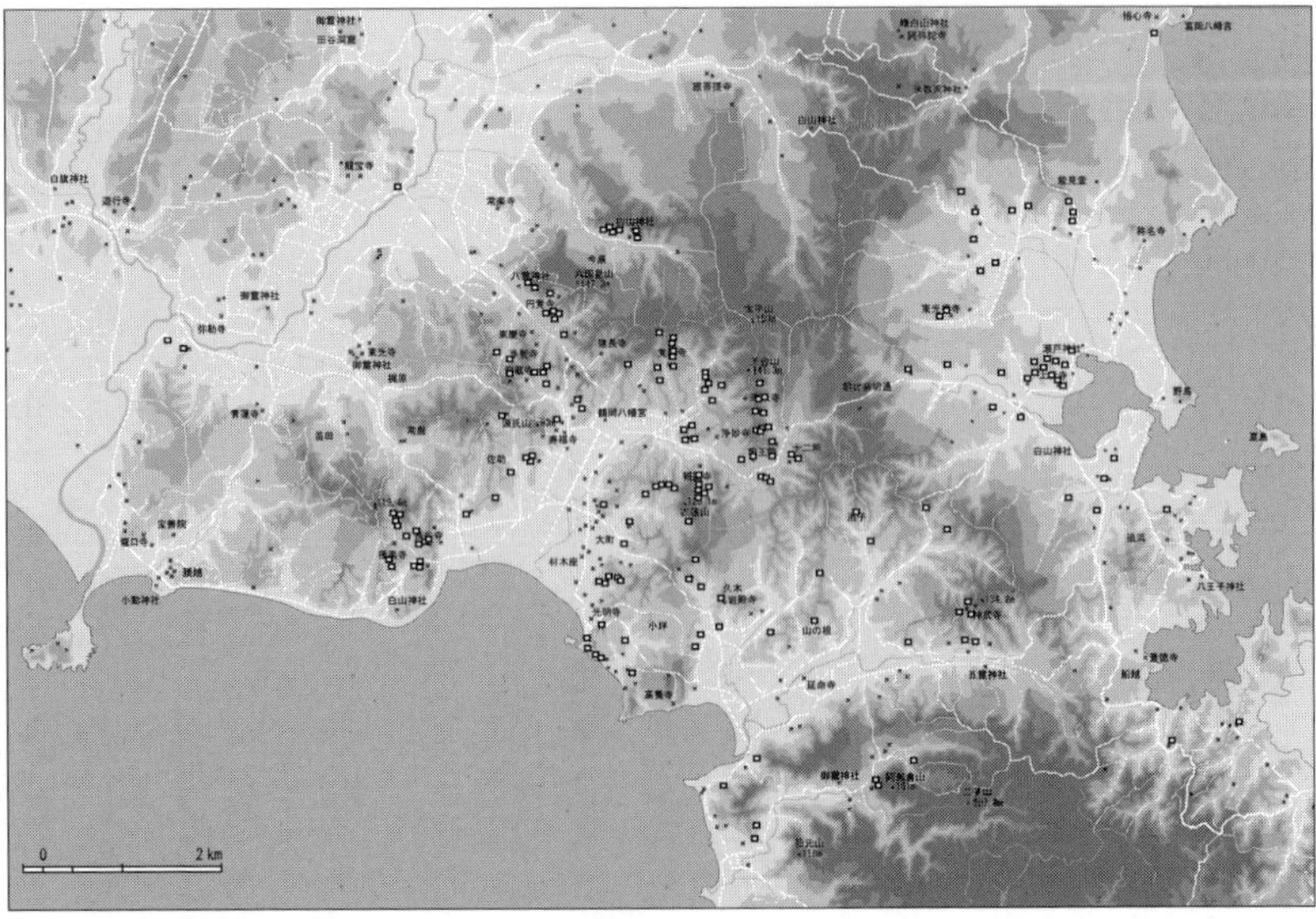

図1-2　鎌倉および周辺地域やぐら分布図

・千葉県史料研究財団1996『千葉県やぐら分布調査報告書』・横須賀考古学会2010『三浦半島考古学事典』
・かながわ考古学財団中世研究プロジェクトチーム2003「神奈川県内の「やぐら」集成」『かながわの考古学8』
・安生素明2003「中世鎌倉地域の葬送─やぐらを中心として─」『駒沢考古29』駒澤大学考古学研究室

は鎌倉に影響を受けてか、そのほかの地域に比べて多く、ここが境といえるような極端な差異は現れなかった。神奈川県内での詳細なやぐら分布調査が行われていないこともあり、これだけで範囲や境界を論じることはできない。

仏像からの検討

では、やぐら以外に範囲や境界にかかわる資料はないか。これを見出す有効な資料として本稿では仏像の存在に注目する。信仰の対象としてだけでなく、為政者の権威を示す意味も有したであろう仏像は、広域でみれば地方豪族などの占有した領地を示し、集中する地域に近づいてみればその占有範囲を示す材料となり得るのではないかと考えた。このうち広域な視点のほうを用いて、武井律子氏は平安仏の所在地と古代交通路との関係を明らかにしている（武井一九七九）。本稿では使用する仏像を『神奈川県文化財図鑑彫刻篇』および『同補遺篇』に掲載される平安時代、鎌倉時代の仏像を抜き出し、両者の対比を試みる。[3] 地図は一部武蔵国を含む相模国を範囲とし、これに古代交通路の想定ルートを加えたものを用いている（図2―1、2―2）。

平安仏は、武井氏が示すようにおおよそが古代交通路に沿う形で配置され、特に国府や駅があったと推定される場所に点在することがわかる。そのなかでも仏像が特に集中する地域が、鎌倉と足柄坂である。足柄坂は上野の碓氷坂とともに古代における坂東の入り口として知られているが、このほか相模には箱根坂も存在した。足柄坂は富士山の延暦噴火（八〇〇年〜八〇二年）の際に通行不能となり、その間に箱根坂が整備されたようだが、復旧後は、二つの入り口が併存することとなる。[4] 仏像の造立数は、二つのうち足柄坂が主要道路であったことを如実に示す。

一方、鎌倉時代になると仏像の位置に変化が表れる（図2―2）。平塚から茅ヶ崎の海岸付近に東西に並ぶ事例や、六浦から北に延びる形で点在する事例のように、古代道に沿わない仏像が散見されるようになる。これは鎌倉時代になって整備・拡張された道路を示すと考えられる。平塚・茅ヶ崎の例は河口付近の相模川を跨ぐ形で点在することからみれば、その間に架けられた相模川橋脚が新造されたことによるものとみたい。相模川橋脚は建久九年（一一九八）に稲毛重成が架橋し、この橋の供養には源頼朝も参加している。[5] また六浦も称名寺を中心に中世に大きく発展し交通量が増加したことが予想される街道であり、磯子など横浜方面への寺院増加がそれを物語っているといえよう。また足柄坂には特筆すべき鎌倉仏の造像がなく、逆に箱根坂の造像数が多い。坂東への主たる入り口が箱根へと移行したことを示すものと思われる。

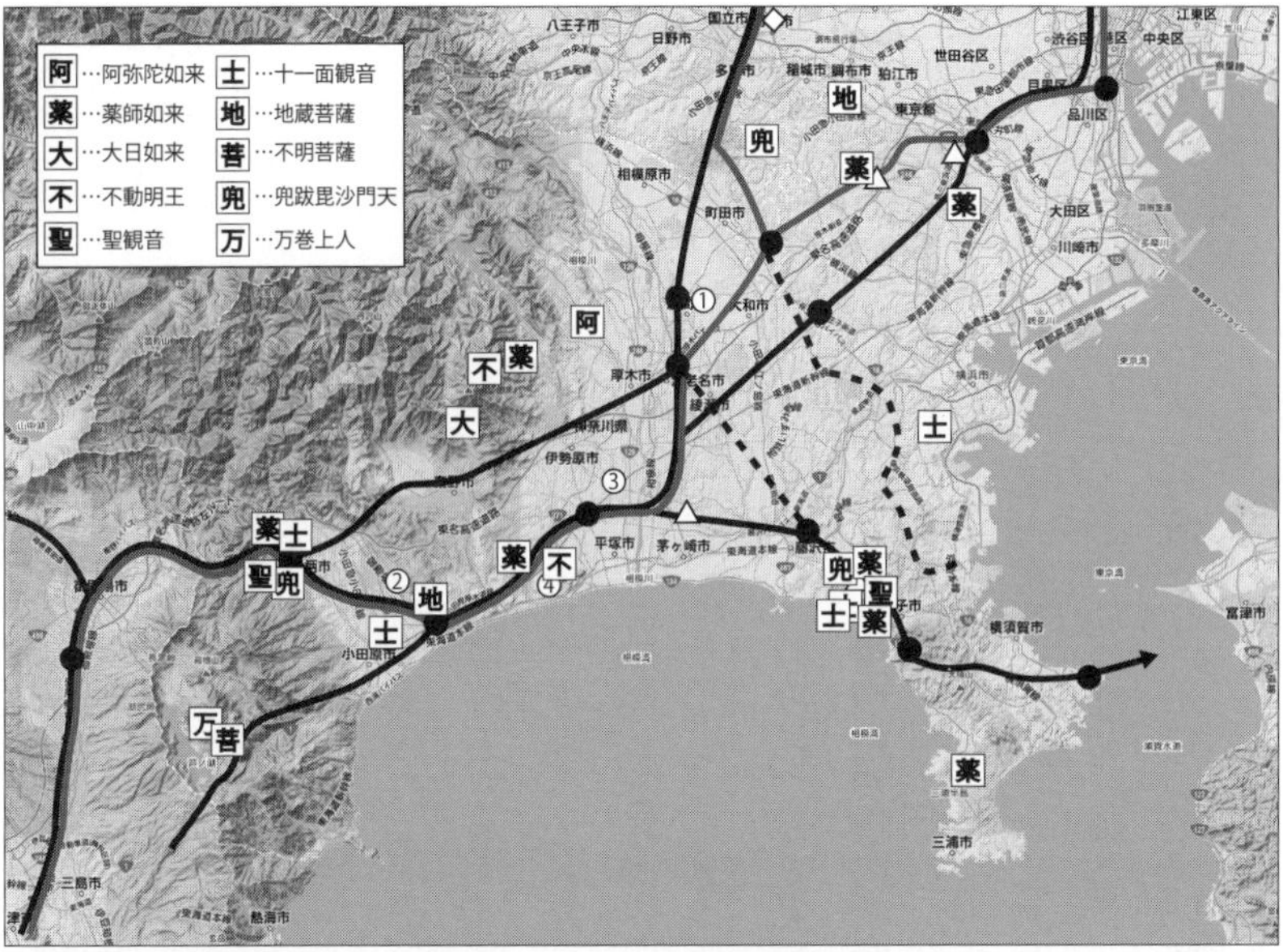

図2-1　相模国想定古代交通網および平安期仏像配置図

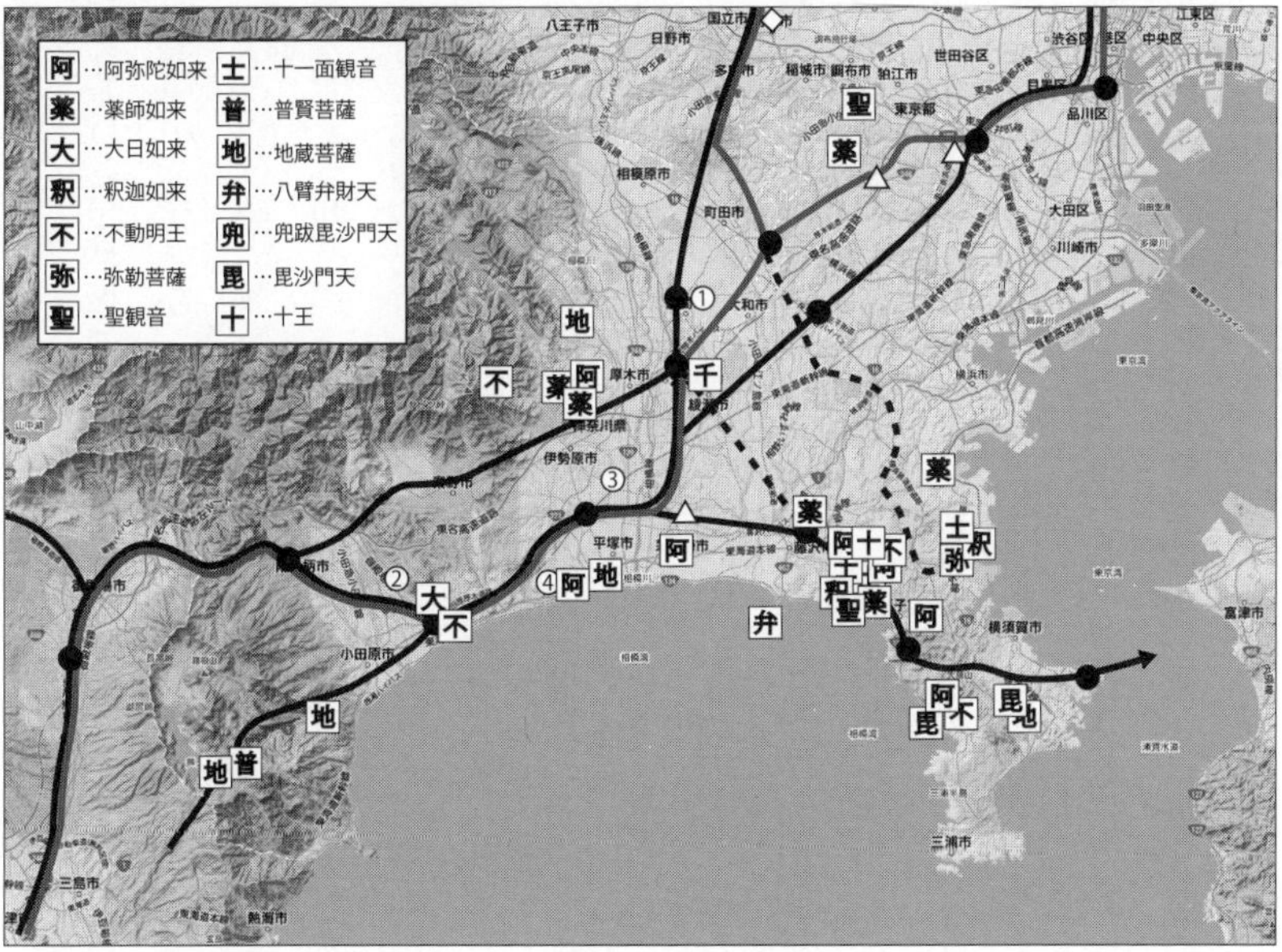

図2-2　相模国想定古代交通網および鎌倉期仏像配置図
（●駅家　◇武蔵国府　△郡衙　①高座国府　②足柄国府　③大住国府　④余綾国府）　地図はGoogleを使用

薬師如来・兜跋毘沙門天の存在

さて、ここで注目したいのが古代における足柄坂である。仏像の種類として聖観音と十一面観音、薬師如来、兜跋毘沙門の造像が確認できる。このうち観音二種は他の地域でも多くみられ、特に神奈川県においては古い仏像に多い像種である。[6] ここでは残りの二種に注目したい。薬師如来は治病や施薬の面で信仰を集め、平安期の造立数は多いが、旅路の安全祈願の意味を込めて陸路の関、海上交通の要所となる地にも造立される。薬師如来を奉る場合、医者の王を示す「医王」や東方瑠璃光浄土（東方薬師浄土）を示す「東光」の名を冠した山号、寺院名である場合が多い。[7] その東光寺はしばしば白山神社とセットとなり、道路や境界にかかわる場所に所在することが指摘されている（熊原一九六二、藤原二〇〇四）。

また兜跋毘沙門天は、四天王のうち北方の守護仏である毘沙門天のなかでも、地天女の手に両足を支えられた姿で表現された特殊な像をいう。[8] そもそも兜跋毘沙門天信仰は、最も著名な東寺像が平安京羅城門の楼上に安置されていたという「伝説」から発生した信仰で、外敵の侵入を防ぐ都市の守護仏であった中国の毘沙門天信仰が、日本において変質したものと解釈されている（岡田一九九八・九九、金二〇一二）。東日本の兜跋毘沙門天を収集したむしゃのこうじみのる氏によれば、これらは境界の鎮護として設置されたといい、武蔵との境として川崎の東光院像を示すほか、足柄の朝日観音堂像が坂東との境であるとの見解を示している（むしゃのこうじ一九八〇）。これらは広域な視点から国境を見出す試みであるためか、論考中で触れられてはいないが、神奈川県内に報告されるもう一つ兜跋毘沙門天の重要性を指摘したい。この作例の所在地は鎌倉である。

鎌倉における薬師如来・兜跋毘沙門天の存在

鎌倉中心部に平安仏を落とし込んだ地図を作成した（図3）。これらは『鎌倉市文化財総合目録』彫刻編を参考にしている（鎌倉市教育委員会一九八六）。十一面観音は杉本寺、補陀落寺に所在し、当地図には掲載できなかったが、腰越の宝善院にも平安中期の十一面観音が存在する。また明王院の薬師如来像は由来に不明な点が多いものの、平安期の可能性が指摘される像である。(9)

現在鎌倉国宝館が収蔵する平安時代後期の作とされる薬師如来像は、近年までは大町の辻薬師堂に安置されていたが、それ以前は、現在の鎌倉宮の位置に存在したといわれる東光寺の本尊であったことが納入銘札より知られる。(10)東光寺の創建年代は不明であるものの、上記の経緯から仮位置として図3上の位置に落とした。また、鎌倉初期において大倉薬師堂の名が史料上にみえることから、早い時期から大倉に薬師如来が奉られていたことは確かである。(11)

先述のように東光寺は多くの場合、薬師如来を奉る寺院である。鎌倉周辺域ではこのほか梶原の東光寺、先述の白山の名を有する六浦の白山東光禅寺がある。また腰越に所在す

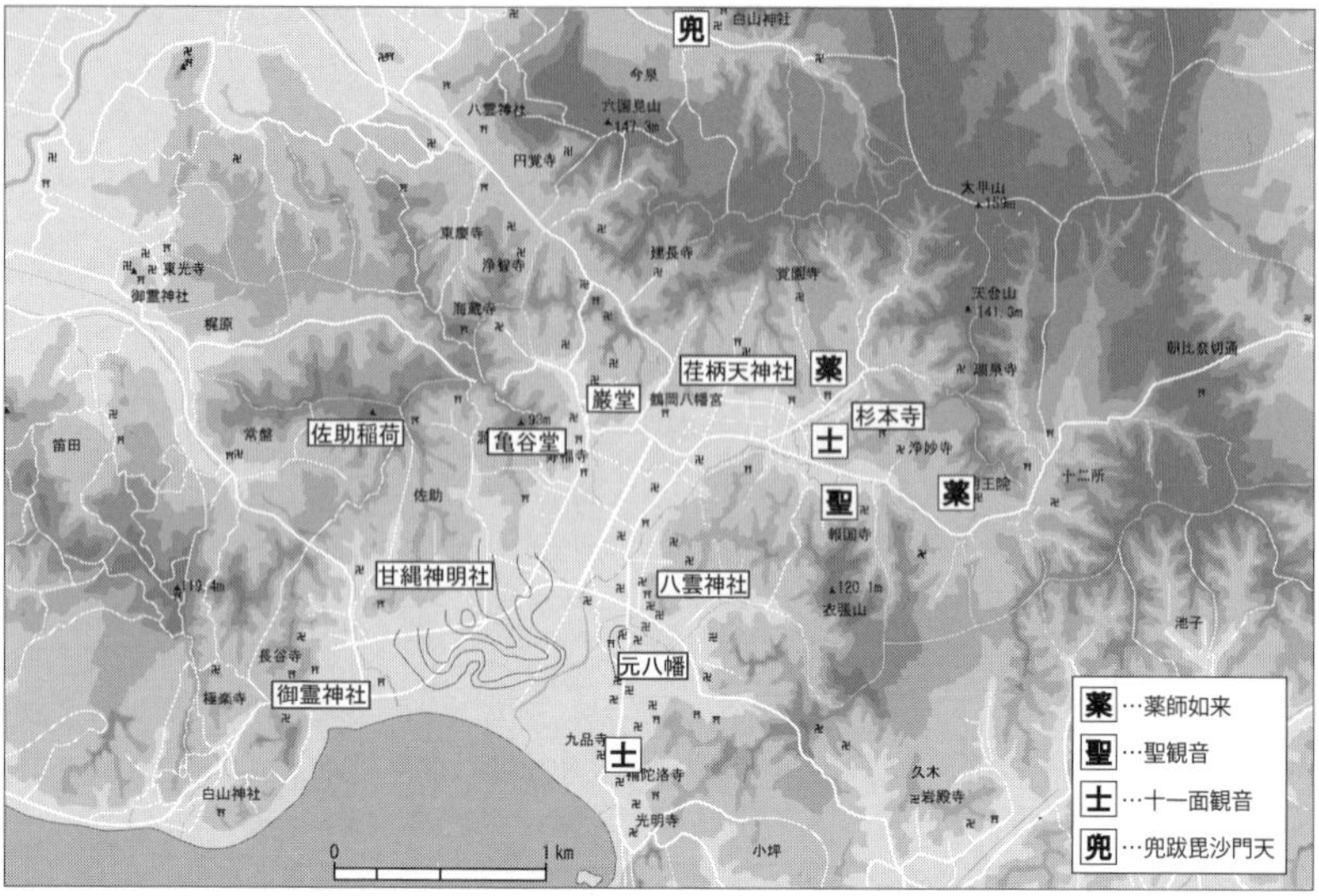

図3　鎌倉所在平安仏および初期社寺配置図

る宝善院は、鎌倉では珍しい白山信仰の祖である泰澄が創建したとされる寺院であり、平安中期の十一面観音を安置し、本尊に鎌倉時代の薬師如来を奉るなど、鎌倉においても東光寺と白山神社、そして薬師如来の関係性を明らかにする例は散見される。『吾妻鏡』養和元年（一一八一）九月十六日条にある梶原を含む深沢、四角四境祭のひとつである六浦、源義経の例にある腰越、これらは白山信仰や東光寺と深くかかわる地であるとともに鎌倉の境と見なされる土地であることに注意を向けるべきでる。

これらに関連し、藤原良章氏は永福寺奥から北へ抜ける道として、現在の鎌倉宮の位置にあった東光寺から横浜方面の白山神社へ抜けるルートを想定した（藤原前掲）。この道は鎌倉の大手として存在し、永福寺の鎮魂の意味から奥州へとつながることが推測されている。ここで重要なのが先述した鎌倉の兜跋毘沙門天である。この像は、永福寺から見て北側の山を越えた今泉の白山神社に安置される。この今泉白山神社は、平安後期の兜跋毘沙門天が安置されることから古来、毘沙門堂と呼ばれていたようだが、[12] 兜跋毘沙門天が境界を守護する意味で置かれたのだとしたら、東光寺からこの白山神社へ抜けるルートも想定し得る。この道路は西へ進むと岩瀬を通り、現在の港南台方面、もしくは戸塚方面へ向かう鎌倉街道へと突き当たる。そこから港南台方面へ向かう道の先の要所には、鎌倉前期の阿弥陀三尊像を安置する證菩提寺が建ち、[13] 近隣には県内では珍しい古代の製鉄遺跡が報告されるなど（江藤一九八三）、古い交通路であった可能性は高く、道は奥州へと延びる。ただし、二階堂・岩瀬間のルートに限定してみれば、この道が中世鎌倉の最盛期まで存続していたかどうかは疑わしい。鎌倉時代同じ方面へは、より通行しやすい巨福呂坂、亀ヶ谷坂ルートが開削されていることからみれば、主要ルートをこれらの道路に譲り、およそ鎌倉時代前期には衰退したとみたい。

鎌倉時代初期の様相

以上、仏像と道路の関係についてみてきた。先述したように、仏像は為政者によって祈願、造立されたと考えられ、為政者の権威を示す意味も有した。彼らが居住する土地は当然街道の要所であって然るべきであり、また仏像の種類によっては道路や境界に沿った場所である場合も多い。このことからみれば、それらの仏像、ひいては仏像を安置する建物、堂宇という存在は、街道におけるランドマークとしての役割も有していた可能性を指摘し得る。

先ほどの鎌倉の平安仏を落とし込んだ図に、山村亜希氏が想定した頼朝の鎌倉入府以前に鎌倉に所在した社寺を追加した（山村二〇〇九、図3）。ほぼすべての社寺が丘陵上およびその先端に位置することがわかる。鎌倉の寺院は多くが谷戸の中に建立されており、これらは北条氏などの邸宅に所在した持仏堂が寺院化したものとみられ（秋山二〇〇六）、筆者も同意するものであるが、その構造が形成される以前の寺院は山稜上、丘陵の上に建造されるのが主であったと考えたい。高い丘の上に造られた堂宇は、市中を走る街道から見て目立つ存在である。例として杉本寺を想像していただきたいが、「六浦へ行きたいのならば、堂の見えるあの高い丘を目指せばいい」などといったように、丘陵上にある堂宇が、在住者はもとより道路を使用する旅人の、案内や目印に使用された可能性を指摘したい。しかし、これらの堂宇が目印として使用されていたとして、鎌倉の初期、またはそれ以前に造営された建物のみで、都市の拡充とともに増加する道に対応しきれたとは思えない。筆者は鎌倉後期においてこの一役を担ったのが、石塔であると考える。

石塔からの検討

本稿で取り上げた石塔は層塔、宝塔、宝篋印塔である。地図にはすべてまとめて掲載した。

宝篋印塔

取り上げた宝篋印塔は一二基である。本来、『宝篋印陀羅尼経』を納入する塔であるが、経の納入如何にかかわらず、この形式を有する塔を総じて宝篋印塔と称し、鎌倉の内に残る大小織り交ぜた宝篋印塔の総数はおそらく五輪塔に次ぐ多さとなる。本稿では現高もしくは復元総高が二メートル前後となる大型で単立する中世の塔のみを抽出した。また大型塔であっても発掘調査が実施され、墓塔と確認されている塔は除外している（覚園寺開山塔・大燈塔）。これらの塔をあらためて見直すと、銘文に墓塔と明記された塔が一例も存在しないことに気づく。

地図を見ると、山頂部に位置する例もあるが、多くが周囲から突出した丘陵の麓に立地していることがわかる。このことは、本来これらの塔がすべて丘陵上または丘陵先端に位置していた可能性をはらんでいる。現在も丘陵上や山頂に位置する六国見山塔、浄光明寺塔（冷泉為相塔）、泣き塔、北野神社塔は当然そのままの立地となるが、一見そのようにみ

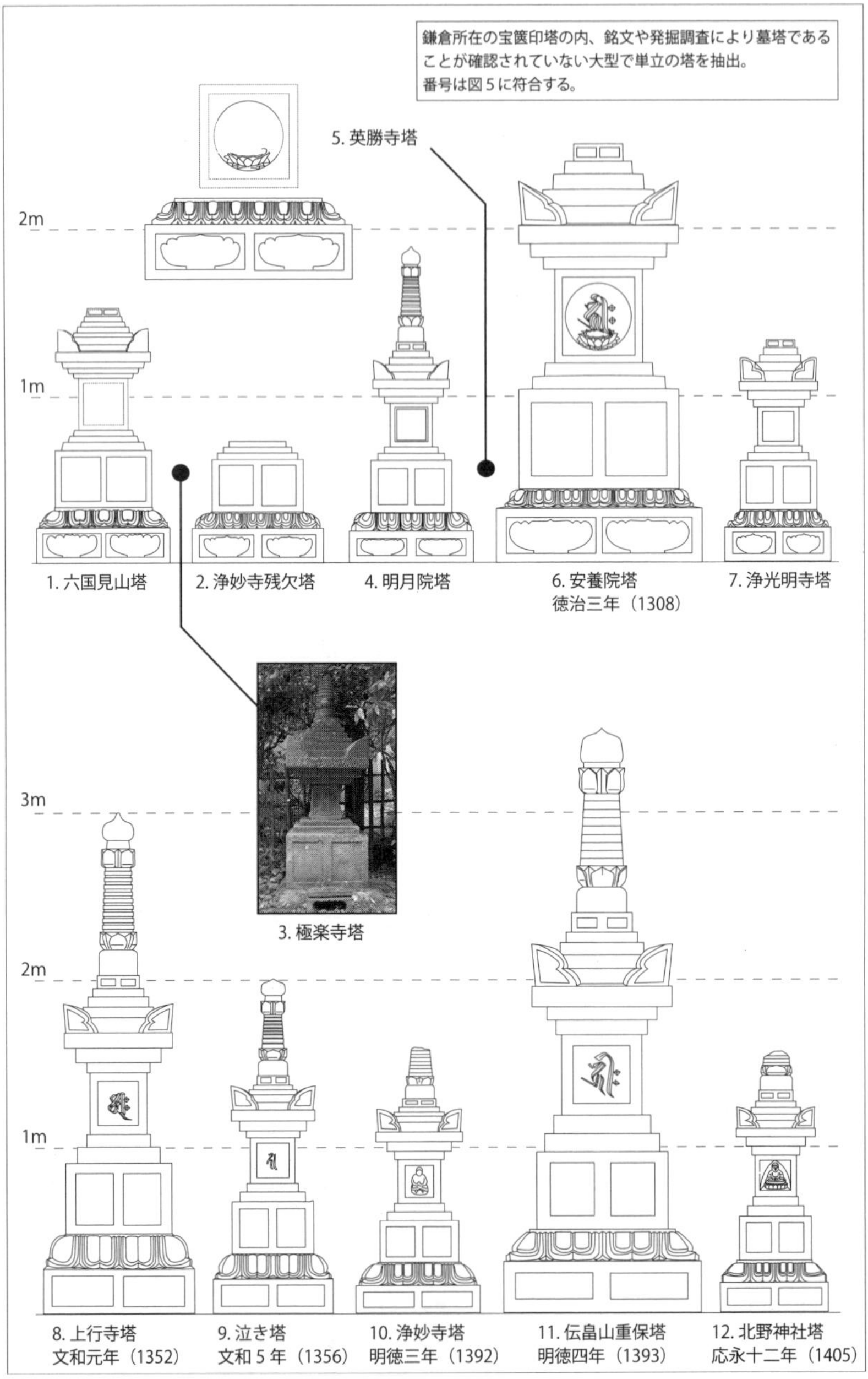
鎌倉所在の宝篋印塔の内、銘文や発掘調査により墓塔であることが確認されていない大型で単立の塔を抽出。
番号は図5に符合する。
5. 英勝寺塔
2m
1m
1. 六国見山塔
2. 浄妙寺残欠塔
4. 明月院塔
6. 安養院塔
徳治三年（1308）
7. 浄光明寺塔
3m
3. 極楽寺塔
8. 上行寺塔
文和元年（1352）
9. 泣き塔
文和５年（1356）
10. 浄妙寺塔
明徳三年（1392）
11. 伝畠山重保塔
明徳四年（1393）
12. 北野神社塔
応永十二年（1405）

図4-1　鎌倉の宝篋印塔

えない塔も多い。しかし、英勝寺塔(残欠)は、江戸時代の境内図が示すように、英勝寺が源氏山の山頂までを境内地として所有していることからすれば、以前は山頂付近に所在していたとしても不思議ではない。同様に明月院塔、極楽寺塔も寺院蔵の境内絵図の範囲に丘陵が含まれる例であり、すべて街道沿いの丘陵であることも重要である。これらの塔が丘陵上から降ろされた要因の一つに地震が想定できる。後世、地震によって相輪や笠など塔の一部が崖下へ崩落した場合、塔全体を麓へ移設する行為が行われたことは想像に難くない。安養院塔など相輪以外の部材を破損している塔がそれを物語っているのかもしれない。また、一番納得し難い塔が、現在一の鳥居付近に所在する伝畠山重保塔である。浜地であるこの場所には鈴木弘太氏の言う「砂丘の高まり」がある(鈴木二〇〇八・二〇一三)。現在でも砂丘の頂部先端に相当する場所に塔は立地している。この位置は鎌倉の海浜部の中心で最も高い標高にあたり、浜だけでなく鶴岡八幡宮からも望める場所である。なお、中世ではもう少し南に位置していたようであり、後世に現在の位置へと移設したと考えられる。

宝篋印塔は中国より伝来した塔形で、中国の天中萬寿塔(別称「望海塔」)のように海を見渡せる山頂に立てられた塔や、港近くの見晴らしのよい山に立てられた塔が存在する。これらはランドマークとしての役割が指摘されており(吉河二〇〇〇、山川二〇〇六)、潘湖塔や春県詩山塔のように港や陸路のランドマークとしての機能を指摘する意見もある(佐に準じた姿で立っていたことが推測されるのである。

藤二〇〇七）。ともするとこれらの塔は、塔形だけでなく、立地条件についても中国の造塔

宝塔

宝塔は五基存在する（図4―2）。鎌倉の四基のほか、六浦の上行寺に所在する一基も含めた。本来、宝塔は『法華経』「見宝塔品」に由来する多宝・釈迦二仏並座の塔を意味するが、『法華経』が釈迦が霊鷲山上で悟った経であることをふまえれば、本来、霊鷲山の名で知られる極楽寺前面の山上に立っていたという成就院宝塔は、由緒に則った造塔といえる。また大慶寺塔の二基は、江ノ島道と藤沢からの街道の交差点に位置する小高い山の麓に所在する。この山はその立地からして交通の要所であった可能性が高く、頼朝入府以前からと考えられる梶原の御霊神社が山の中腹に建つほか、大慶寺以外にも寺院が密集する地域である。同地に所在する等覚寺が弥勒院の名を有していることからみれば、これらの宝塔は弥勒信仰としての経塚の意味を持つと考えられ、現在大慶寺に所在する二基も本来は山上に位置していたと考えられる。

鎌倉には経塚が少ないことが常々指摘されるが、経塚の可能性を示す場所を現在も神聖な場所として守護していることこそが、発見に至らない理由なのではないだろうか。

このほか別願寺塔は鎌倉最大の規模を誇る宝塔であるが、当寺院は安養院と同じ丘陵を

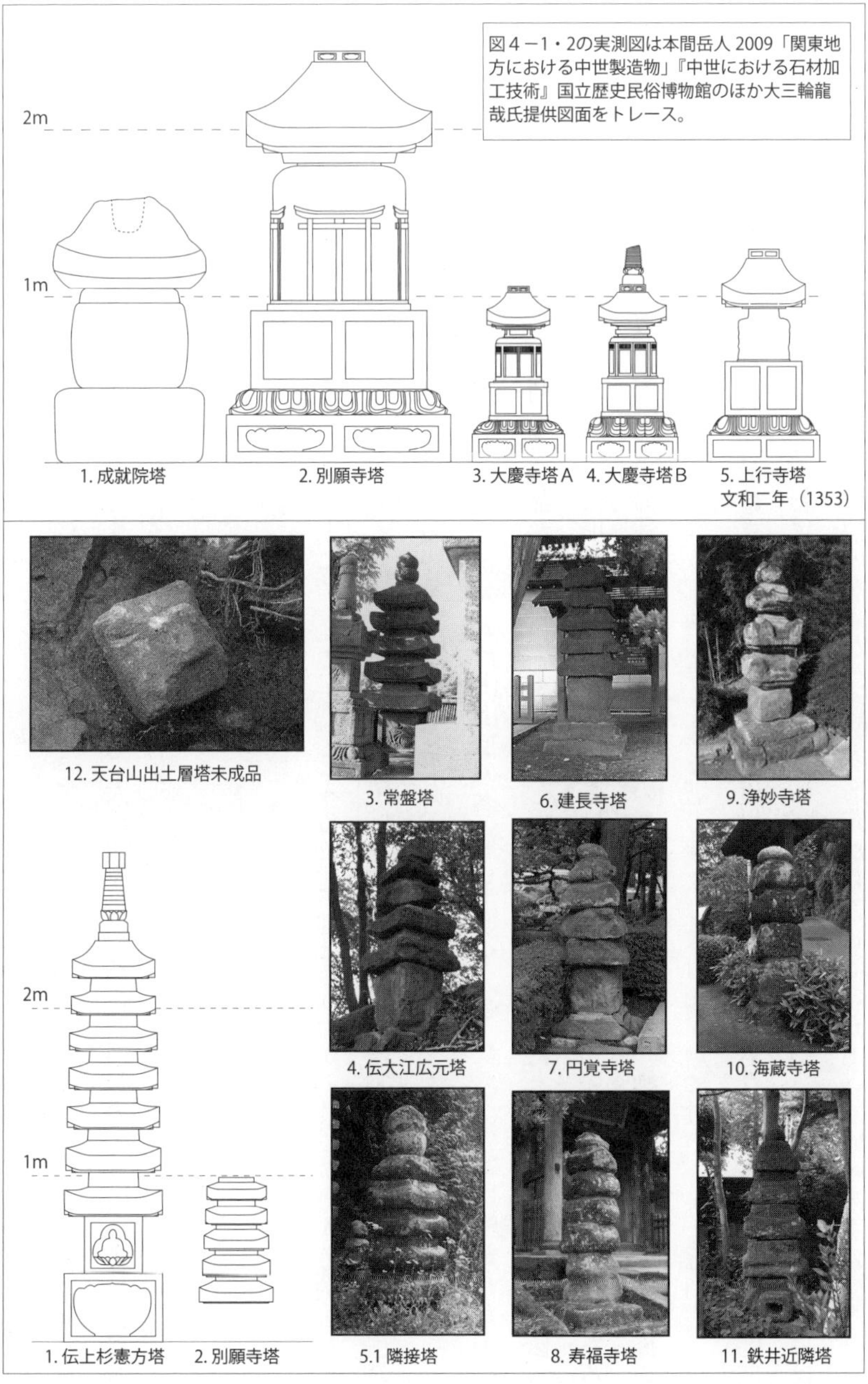
図４－1・2の実測図は本間岳人 2009「関東地方における中世製造物」『中世における石材加工技術』国立歴史民俗博物館のほか大三輪龍哉氏提供図面をトレース。
2m
1m
1. 成就院塔
2. 別願寺塔
3. 大慶寺塔Ａ
4. 大慶寺塔Ｂ
5. 上行寺塔
文和二年（1353）
12. 天台山出土層塔未成品
3. 常盤塔
6. 建長寺塔
9. 浄妙寺塔
2m
1m
4. 伝大江広元塔
7. 円覚寺塔
10. 海蔵寺塔
5.1 隣接塔
8. 寿福寺塔
11. 鉄井近隣塔
1. 伝上杉憲方塔
2. 別願寺塔

図4-2　鎌倉の宝塔・層塔

背にしており、山上に造立される経塚の意味を有していたのであれば、この塔も本来は安養院宝篋印塔とともに丘陵上に並び立っていたことが想像される。なおこの丘陵は鎌倉市内の中心部に最も突き出す高台であり、大町四ツ角や名越切通しの入り口にあたる場所である。

層塔

また層塔は、山の上に造立する由緒をみることはできないが、辻に位置する例として取り上げた（図4―2）。管見の限りだが、鎌倉には一二基が存在する。極楽寺地区所在の著名な上杉憲方塔やいわゆる五山塔などがある。

図5の地図上、層塔⑫の天台山山頂の塔は、平成十二年（二〇〇〇）に行われた山稜部の調査で層塔未成品がこの付近より出土した事例である。また、④は大江広元墓と伝わる塔で、明王院裏山に所在する。これら二基は山頂および丘陵の先端に位置する塔であるが、それ以外の塔は道の辻に置かれていたものとみたい。例えば、極楽寺、常盤の塔は街道の辻に位置する場所に残り、別願寺に残る塔の残欠は大町四ツ角に近い。また五山塔は、それぞれ五山の門前に立つ塔で、おそらく近世に造立された例も含まれるが、五山の門前には辻が近在することに注意したい。さらに、鎌倉十井のひとつ「鉄井」近隣の民家には、五山塔同様、凝灰岩製の層塔が存在し、形式からみれば、五山塔に比べ古手の様相を呈す

る。この場所も辻となる位置である。

以上、鎌倉の石塔をみてきた。これらの塔は、造立する側からみれば功徳や供養になり、拝む側からみれば信仰の対象となる。また目立つ場所に立てられる特性から道路や市中のランドマークとなり得る可能性を提示した。そもそも、図6の示す範囲をみても、鎌倉を中心とした地域にしか大型の石塔が存在しないことは注目すべきである。

造塔行為が用いられた理由としては、十三世紀後半から十四世紀初頭にかけての石造技術の導入とそれに伴う一種の流行、そして、それまで建立された堂宇に比べ、維持管理の必要性がなく、恒久的に立ち続けられることが考えられる。

ちなみに六浦に立つ二基の石塔は、現在上行寺に所在しているが、先述の結果に則せば、本来は隣接する丘陵上にあったとみたい。上行寺の東斜面の丘陵頂部は、いわゆる上行寺東遺跡にあたる。この遺跡を包括する丘陵は六浦湾に最も近く、遺跡の存在したマンションからは六浦湾を一望することができる。先述の中国宝篋印塔の事例と同様に、港から見える山の頂上に安置された塔は、航海や眼前を通る六浦道の安全を祈願する意味があると考えられ、塔に記された牛馬供養の銘文もそのことを示すといえよう。

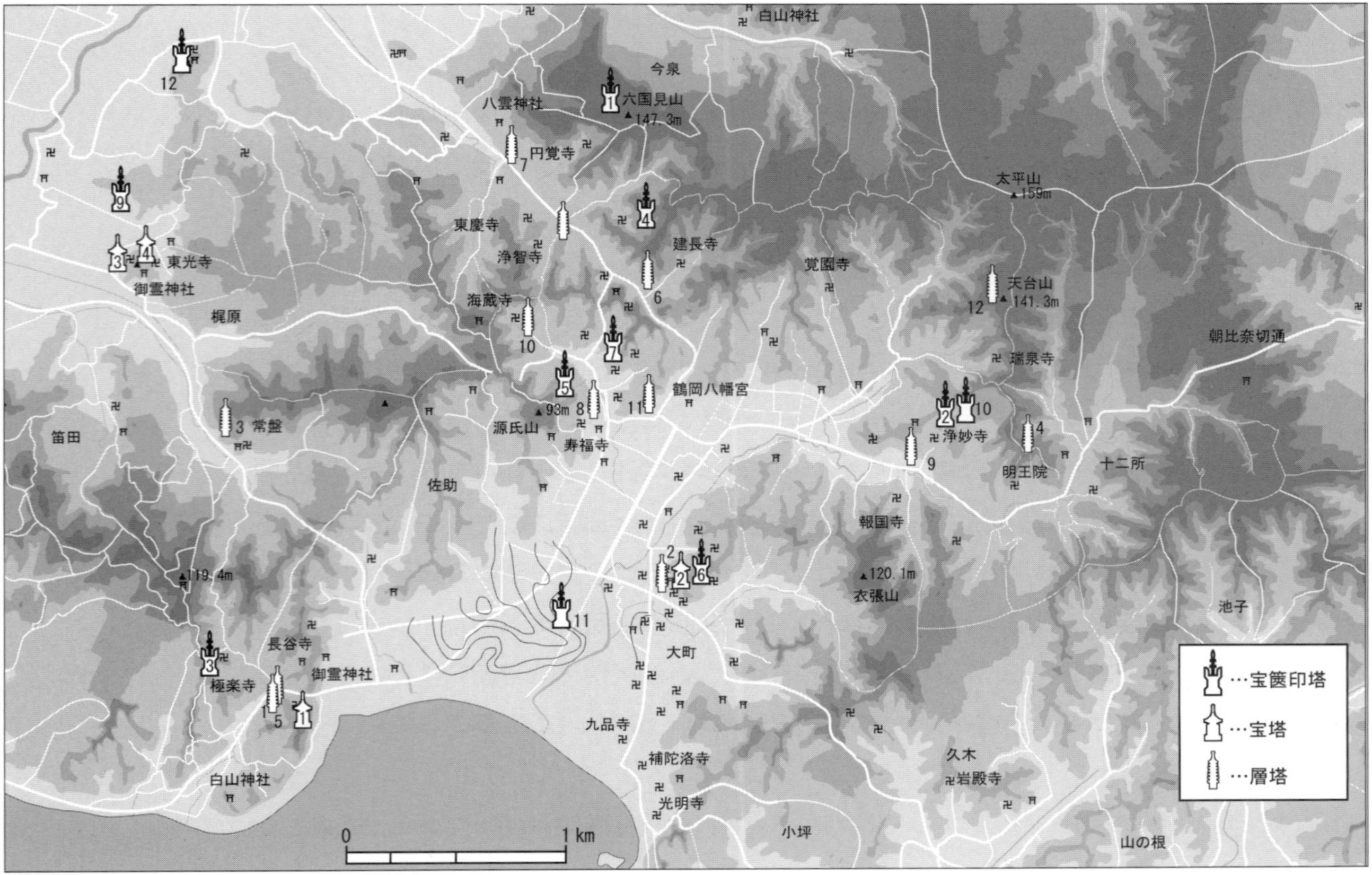
白山神社
今泉
六国見山
147.3m
八雲神社
円覚寺
太平山
159m
東慶寺
建長寺
東光寺
御霊神社
浄智寺
覚園寺
天台山
141.3m
梶原
海蔵寺
朝比奈切通
瑞泉寺
鶴岡八幡宮
93m
常盤
源氏山
浄妙寺
笛田
寿福寺
明王院
十二所
佐助
報国寺
120.1m
衣張山
119.4m
池子
長谷寺
大町
極楽寺
御霊神社
九品寺
補陀洛寺
久木
岩殿寺
白山神社
光明寺
小坪
山の根
0
1 km
…宝篋印塔
…宝塔
…層塔

図5　鎌倉石塔配置図

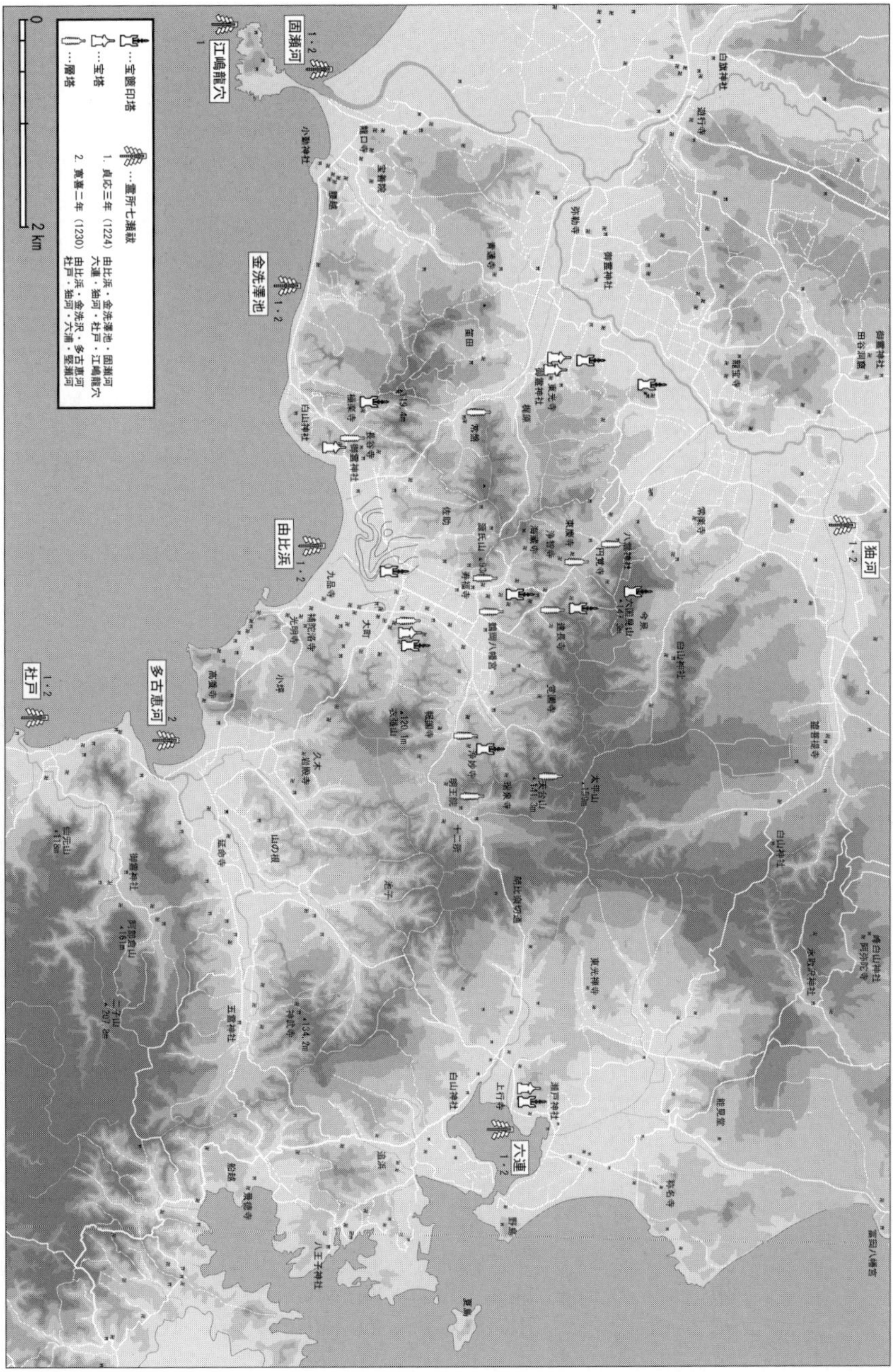

図6　鎌倉周辺石塔および霊所七瀬配置図

鎌倉の境界

では、本稿でみてきた石塔が所在する範囲は何を示すか。鎌倉の範囲を示す史料と比較してみたい。

『吾妻鏡』によれば、鎌倉において七瀬祓という祓いの儀式が行われている。この儀式は京で行われていた行事をならったものであるが、種類がいくつかあり行為自体に重層的な境界認識の存在が示唆されている(金子一九八五、原田一九九五)。なかでも最大範囲の祓えが「霊所七瀬祓」となり、これが行われた結界地の内部が、当時の幕府の認識する鎌倉の最大範囲ということができよう。『吾妻鏡』にはこの儀礼の選定地を記す記事が二度登場する。すなわち一度目は貞応三年(一二二四)、由比浜・金洗澤池・固瀬河・六連・独川《いたち》・杜戸・江嶋龍穴で行われ、二度目は寛喜二年(一二三〇)、由比浜・金洗沢・多古恵河・固瀬河・社戸・独川・六浦・堅瀬河で行われている。この範囲がこの時代の鎌倉幕府の認識する鎌倉の限界、いわば鎌倉世界の限界である。

地図(図6)には霊所七瀬が行われた場所を御幣で表現した。そして石塔はその範囲のなかにすっぽりと納まることが見て取れる。つまり、地図に示した鎌倉と周辺域のなかで、大型石塔、特に大型宝篋印塔の造立は、認識される鎌倉のなかでしか行われておらず、内と外を明確に区分していることが理解される。これまで鎌倉の外だと認識され共通性を見出せなかった塔も含め、すべての大型宝篋印塔が鎌倉の内側に造立された様相を読み取ることができる。このことは丘陵上という目立つ場所に所在する大型の石塔が見えた時、あれが見えたらもう鎌倉だという認識が当時の人々に存在したことをも想像させる。

当然ながら本稿で取り上げた大型の宝篋印塔の願主となる人物は、ある程度以上の身分を有した者に限られるだろう。しかし、これらの行為に縁を求めることは民衆であっても可能であり、そうした行動が銘文にみられる「結衆」といった文言に表れているのかもしれない。これらの作善行為は、市中や街道から望める立地により常に民衆への功徳として還元されるのだろう。こうした塔が鎌倉時代を含め、南北朝期・室町期にかけて造立されていったことは、鎌倉の為政者が代わりつつも、都市の機能が断続的ながら維持されていたことを示唆するといえる。

おわりに

以上、鎌倉の考古学研究の端緒となるやぐらと石塔を見つめ直し、同じく信仰対象物である仏像を加え、中世都市鎌倉のみち、ひいては範囲や境界について考察した。石塔について本稿では鎌倉周辺域に限っての事例を中心に見てきたが、鎌倉から離れた地域に目を向ければ、神奈川県内の大型宝篋印塔の造立例は多い。そのすべてを述べることはできないが、箱根塔や小田原曽我祐信塔は山上に位置しており、なかでも箱根塔は街道に接して造立されている。また相模原当麻寺塔、三崎城ケ島塔は水運の要所であるなど、立地に共通性を見出すことができる。

　また、あらためて鎌倉周辺域のやぐらの分布図を見てみると、鎌倉の中心域の極度に集中したやぐらは六浦方面と逗子方面へも数を減らしながら拡散しているようにみえるが、鎌倉を中心にみた場合、それらの地域とさらに外とは明らかに数量の違いをみせることに気づく。もしかすると、これも霊所七瀬祓が示す鎌倉の内と外による差異なのかもしれない。さらに鎌倉中心部の集中地域は、もう一つの境界を想定でき、鎌倉を取り巻く重層的な境界認識を想起させる。県内のやぐら集成はいまだ途上であり、埋没した例はもとより現状開口している事例でさえ網羅されてはいない。仏像や石塔とも合わせ、今後調査が進展することにより、事象がさらに明瞭になることを期待したい。

【参考文献】
秋山哲雄『北条氏権力と都市鎌倉』吉川弘文館　二〇〇六年
安生素明「中世鎌倉地域の葬送―やぐらを中心として―」『駒沢考古』二九　駒沢大学考古学研究室　二〇〇三年
江藤昭編『上郷猿田遺跡』横浜市上郷猿田遺跡調査団　一九八三年

かながわ考古学財団中世研究プロジェクトチーム「神奈川県内の「やぐら」集成」『かながわの考古学』八　二〇〇三年
金子裕之「平城京と祭場」『国立歴史民俗博物館研究報告』第七集　一九八五年
鎌倉市教育委員会編『鎌倉市文化財総合目録』書跡・絵画・彫刻・工芸編　一九八六年
金文京「毘沙門信仰による都市伝説と預言書」小峰和明編『東アジアの今昔物語集』勉誠出版　二〇一二年
熊原政男「称名寺々領としての釜利谷郷（上）・（下）」『金沢文庫研究』八五・八六　一九六二年
佐藤亜聖「中国宝篋印塔の調査　小結」『中日石造物の技術的交流に関する基礎的研究―宝篋印塔を中心に―』シルクロード学研究 Vol.2　㈶なら・シルクロード博記念国際交流財団・シルクロード学研究センター　二〇〇七年
鈴木弘太「中世鎌倉の初期地形と都市領域」『鶴見考古』第一〇号　鶴見大学文学部文化財学科　二〇一一年
鈴木弘太『中世鎌倉の都市構造と竪穴建物』同成社　二〇一三年
武井律子「神奈川県の平安仏」『鎌倉』三一号　一九七九年
千葉県史料研究財団『千葉県やぐら分布調査報告書』一九九六年
原田敦子「水辺の鎮魂―蜻蛉日記の唐崎祓―」『国文学攷』№.１４５　広島大学国語国文学会　一九九五年
藤原良章「中世のみち探訪」『中世のみちを探る』高志書院　二〇〇四年
むしゃのこうじみのる「東日本の兜跋毘沙門天」『地方仏』法政大学出版局　一九八〇年
山上伊豆母「『七瀬の祓』の源流」『古代祭祀伝承の研究』雄山閣　一九七三年
山川均『石造物が語る中世職能集団』日本史リブレット29　山川出版社　二〇〇六年
山村亜希「東国の中世都市の形成過程―鎌倉の空間構造とその変遷」『中世都市の空間構造』吉川弘文館　二〇〇九年

横須賀考古学会『三浦半島考古学事典』二〇一〇年
吉河功『石造宝篋印塔の成立』第一書房　二〇〇〇年
『新訂増補　国史大系　吾妻鏡』吉川弘文館

【註】

（1）㈶日本地図センター「明治期測量二万分の一フランス色彩地図」
（2）千葉県史料研究財団一九九六、横須賀考古学会二〇一〇、かながわ考古学財団中世研究プロジェクトチーム二〇〇三、安生二〇〇三の分布地図を参考に作成した。
（3）神奈川県教育庁社会教育部一九七五・八七『神奈川県文化財図鑑彫刻篇』・『同補遺篇』神奈川県教育委員会
（4）神奈川県県民部県史編纂室編一九八〇『神奈川県史』通史編、南足柄市編一九九八、九九『南足柄市史』通史編、神崎彰利・福島金治編二〇〇二『鎌倉・横浜と東海道』街道の日本史二一吉川弘文館
（5）『吾妻鏡』建暦二年二月廿八日条
（6）清水真澄一九八六『かながわの平安仏』神奈川合同出版
（7）『岩波仏教辞典』「薬師如来」、「薬師経」「医王」、「浄瑠璃世界」の項より（中村元ほか編二〇〇二『岩波仏教辞典』第二版、岩波書店）
（8）岡田健一九九八・九九「東寺毘沙門天像―羅城門安置説と造立年代に関する考察―（上）・（下）」『美術研究』三七〇・三七一に代表されるように、兜跋毘沙門天に関する論考は多い。
（9）内藤浩之氏のご教示による。
（10）鎌倉国宝館二〇一〇『薬師如来と十二神将～いやしのみほとけたち～』特別展図録
（11）『吾妻鏡』建保六年（一二一八）十二月二日条
（12）清水真澄一九八六『かながわの平安仏』神奈川合同出版、鎌倉市教育委員会一九七一『とし

よりのはなし』鎌倉市文化財資料第七集

(13) 北条泰時がかかわり、十三世紀第二四半期の造立が想定されている(塩澤寛樹二〇〇九『鎌倉時代造像論』吉川弘文館)

(付記) 発表時に、「寛文九年(一六六九)七月 台村・小袋谷村用水論済方扱につき為取替手形」(神奈川県史六、三四四)を使用し、史料に記される治水権の争点「かめやのせき」の場所が、山崎と北鎌倉の八雲神社例大祭で行われる「出合いの儀神事」の場所と同じことから、この地点「天王屋敷」が境を示す可能性を指摘した。しかし、全体討論においてご指摘いただいた史料の解釈をふまえ、この部分を一旦取り下げ検討し直すこととした。そのため本論において全体討論で指摘された内容は割愛している。ご了承いただきたい。

古田土

第二部

全体討論　鎌倉研究の未来

発言者一覧（発言順）

司会

高橋慎一朗（東京大学史料編纂所）

八重樫忠郎（岩手県平泉町）

玉井　哲雄（歴史研究者）

永田　史子（鎌倉市教育委員会）

古田土俊一（鎌倉考古学研究所）

五味　文彦（放送大学）

秋山　哲雄（国士舘大学）

大塚　紀弘（法政大学）

伊藤　　太（京都府教育庁）

馬淵　和雄（日本考古学協会）

西岡　芳文（神奈川県立金沢文庫）

古川　元也（神奈川県立歴史博物館）

内藤　浩之（鎌倉国宝館）

藤田　裕嗣（神戸大学）

全体討論

鎌倉研究の未来

建築史からみた鎌倉

高橋　それでは討論を始めます。司会は、岩手県平泉町の八重樫さんと、高橋です。よろしくお願いいいたします。

具体的な討論の前に、もう少しお話をうかがいます。今までの報告には建築史についてのお話がありませんでした。建築を抜きで鎌倉の歴史を語るのは無理がありますので、建築の立場から鎌倉というものをどのように位置づけるかについて、玉井哲雄さんからコメントをいただきます。玉井さん、よろしくお願いいいたします。

玉井　ご紹介いただきました玉井です。この三月まで国立歴史民俗博物館にいましたが、その前は千葉大学工学部建築学科で建築の歴史を教えておりました。そのような立場から、建築史の観点で鎌倉をどう見るかをお話しします。それから、昨日と今日の一連の報告に対するコメントも、少しだけ付け加えさせていただきます。

まず、建築史についての説明をいたします。工学部建築学科のなかに建築史という講座があります。従って文科系ではなく理科系です。理科系の人は、文科系の人とは少し発想が違います。技術的な側面から見るというか、技術者的な側面が非常に強いのです。このような意味で、文化系の方とはちょっと違うニュアンスで話ができるかなと思います。

それから、建築史の分野は実は人手不足です。例えば大学の建築学科では、古今東西すべてを教えなくてはいけない。日本建築史なら古代から近代まで全部ですし、西洋でも、近代もあるしギリシャとローマの話もしなければならない。さらに中国建築も教える必要がある。このように、ありとあらゆることをやります。ですから、「広く浅く」というのが、建築史の一つの特徴としてあります。これからの話も、「広く浅く」の観点からだと聞いていただければ幸いです。

まずはじめに、重要なこととして、日本建築史から見た場合に「鎌倉」という言葉のもつ意味をお伝えするほうがよいかと思います。

鎌倉時代は、日本建築史のなかでかなり重要な位置を占めています。建築史では、鎌倉あるいは鎌倉時代を代表する言葉として、鎌倉新様式という言葉をよく使います。鎌倉新様式とは、大仏様と禅宗様という、その当時の宋から新しく伝来してきた様式のことを言います。大仏様は、古くは天竺様と言われていました。禅宗様は、唐様と言われていました。ですから、ちょっと前に建築史を勉強した人にとっては、天竺様、唐様と呼ぶのが一般的かもしれません。今では大仏様、禅宗様という言葉が、建築史の世界では一般化しております。

大仏様、禅宗様という言葉を提唱したのは、『日本建築史序説』（一九四七年）という今でも通用している通史を書かれた太田博太郎さんです。「天竺様、唐様という呼び方は紛らわしいから、大仏様と禅宗様にしよう」と。また太田さんは、後ほど触れますけれども、寝殿造と書院造という以前からあった言葉についても、きちんとした概念として使おうと学会で提起されました。第二次世界大戦後のことです。その後、寝殿造と書院造が日本住宅の二大様式であるということになりました。

天竺様、唐様ではなく大仏様、禅宗様という言葉をなぜ使うようにしたのか。天竺とはインドのことで、唐は中国のことだから、天竺様、唐様というとまちがいが起こる。それよりも、大仏様というのは東大寺の大仏殿を再建した様式であり、禅宗様というのは禅宗建築に使われる様式だから、大仏様、禅宗様と呼ぶほうが合理的である。このような立場に立って、大仏様、禅宗様という言葉を使い始めたのです。

ですから、様式のもっている本来の意味からいうと、天竺様はやや問題があるけれども、唐様のほうはいいかもしれない。唐様というのは一般名詞だから、建築様式の名称として使うと不適切な部分もあるが、唐様という言葉が本来もっていた意味も重視したほうがいいのではないか。そういう話が前提としてあります。

栃木県足利市にある鑁阿寺《ばんなじ》本堂という一二九九年の建物が、ごく最近国宝になりました。これは建築史の世界では結構重要なことです。鑁阿寺本堂がなぜ国宝になったのか。理由としては、まだ完全な形ではないが禅宗様を導入した最初の建築であると説明されています。

東国の国宝建築としては、ほかにも、東京都東村山市の正福寺地蔵堂や、神奈川県鎌倉市の円覚寺舎利殿などがあります。円覚寺舎利殿は、鎌倉では一番有名な建築かもしれません。舎利殿は円覚寺の草創期から建っている建物ですから、鎌倉時代の建物だろうと思っている人が多いです。けれども実際には、正福寺地蔵堂(一四〇七年)とほぼ同時期と見なされています。つまり南北朝の建物であり、鎌倉時代の建物ではありません。

別の言い方をすると、鎌倉時代に建てられた木造建造物で現存しているものは、何一つとしてありません。鎌倉の木造建造物の重要文化財として、建長寺や鶴岡八幡宮の一連の建物がありますが、それらも全て近世以降のものです。鎌倉時代のものではないのですね。にもかかわらず、特に建長寺、円覚寺に代表されるような禅宗様の建築が、鎌倉の代表的な建築として皆さんに認められている、ということが非常に重要なポイントです。

これらは、先ほど述べたように、禅宗様であり、唐様です。つまり中国風の建築なのです。今でこそ禅宗様はごく普通の建築となっているけれども、禅宗様、唐様が入ってくる以前の段階では、和様と呼ばれている奈良時代以来の建築しか日本にはなかったわけです。そこに禅宗様という建築が入ってきたのは大変なことだったのです。技術的にもそうですが、デザイン的にというか、建築の表現としてかなり決定的な違いがあります。それが日本列島に普及した。

日本列島に普及したもとがどこかというと、やはり建長寺なのです。建長寺の指図《さしず》が残されていますが、建長寺が鎌倉に建てられた時期が、鎌倉に唐様の建築が普及していった最初です。ということは、鎌倉時代の後期です。鎌倉時代の後期になって、唐様と呼ばれる非常に新しい建物が鎌倉から始まって、それが京都に普及していくわけです。

鎌倉時代以降、日本の仏教建築は、和様と唐様という二大様式になっていきます。折衷したものも多数ありますが、基本的に和様か唐様かというのが、現在にいたる仏教建築の基本です。つまり今日につながる日本の仏教建築の基本が確立されるのが、鎌倉のこの時期なのです。ただし、鎌倉時代のものは何一つ残っていない。ここも重要なポイントです。

では、なぜ鎌倉に残っていない建築の話ばかりになるのか、ということになります。

建築史の立場としては、残っている建築だけで建築史を組み立てるわけではありません。残っていなくても、さまざまなかたちでその当時の建築を推定、復元できます。そのときに一番重要な手段となるのが、発掘による建築遺構です。もちろん絵巻物とか、さまざまな具体的な史料、文献によって、古い時代の建築は推定できます。けれどもそれ以上に、発掘によって出てくるものは、確かに存在していたということから決定的な意味をもちます。

鎌倉の建築の世界を復元的に考えるには、残念ながら発掘以外に手段はありません。だからこの場にも考古学の方がたくさんいらしているので、皆さんが受け継がれてきた研究成果を使わざるを得ないという状況があります。

ここで、皆さんがよくご存じの例を三つほどあげて、鎌倉の建築について簡単に見解を述べたいと思います。

一つは、二階堂永福寺《ようふくじ》です。あの建物をどう見るか。時代的に源頼朝が造ったとされているし、一連の経緯からみても、明らかに平泉の系統です。平泉の建築をどうみるかというとまた別の話になりますが、少なくとも、禅宗様の影響が入る以前の平泉の建築の影響が入ってきている。それによる建築の世界が、まず第一段階として鎌倉で形成されているということです。

それから、二つ目は今小路西遺跡の武家屋敷。この建物に関しては、どうみればよいか、けっこう難しいです。あの遺跡は武家屋敷ですが、建築史的な観点でいうと、鎌倉時代の武家住宅は寝殿造だというのが、太田博太郎さんらが唱えた建築史の定説です。つまり鎌倉時代というのは、まだ平安時代の建築様式が残っている。少なくとも後の書院造などにいたる前ですから、完全に寝殿造だという説です。

ここで問題になると思うのですけれども、平泉に柳之御所という遺跡があります。平泉が世界遺産になるときに外された遺跡ですが、柳之御所に建てられている建物が寝殿造なのかどうなのかということです。さらにいえば、寝殿造とは何かということです。

寝殿造というのは、先ほど述べたとおり学術的な定義としては比較的新しく、第二次世界大戦後に太田博太郎さんを中心とする人たちによって定義づけられたものです。ですので、歴史学研究者のなかには「寝殿造はなかった」という人もいるくらいの、非常に曖昧な面があります。それをあえて寝殿造ということによって、建築史の学術としての世界をつくろうというのが、太田博太郎さんたちが目指したことです。もともとは曖昧な概念であるにもかかわらず、あれが寝殿造であるかどうかという議論をするのは、少し無理があります。そのあたりに今小路西遺跡武家屋敷の解釈の難しさがあるような気がします。

三つ目です。関口欣也さんが『増補　鎌倉の古建築』（二〇〇五年）という本を出されています。新書版ですが、鎌倉の建築の全体像を知るには一番いい本だと思います。発掘遺構や絵画史料などに基づいて、全体的な考察から鎌倉の古建築を述べています。

そのなかでも触れられていますが、「方形竪穴建築址」とかつて言われていた遺構があります。その後呼び名が人によってずいぶん変わっていって、今回の話では、鈴木弘太さんが著書『中世鎌倉の都市構造と竪穴建物』（二〇一三年）で「竪穴建物」という言葉を使われた。この言葉が一番いいのではないかというように主張されています。この建物をどうみるのかというのが、建築史の立場から見た場合、かなり重要な意味を持つのではないかと思っています。

竪穴建物に関しては、私も発掘現場に通って何回か見せていただきました。シンポジウムのような場で発言をした経緯もあるのですけれども、未だに本当のところはよくわかりません。最初に考えていたことは、例えば永福寺とか今小路西遺跡で出てくるようなメインの建物のような建築技術ではないということです。当時の建築専門の技術者ではなく、土木技術とか井戸掘削技術といった別の技術を持った技術者たちが造る建物であろうと考えていたわけです。そのこと自体は変わっておりません。

ただそれは、日本列島にある技術だけでは説明できない。ひょっとすると外と繋がっているかもしれない。そのように考えて、以前どこかのシンポジウムで発言し、同じようなことを示唆した方も何人かいます。今でもその可能性はあると考えていますが、証拠がなかなか見つからないのです。

さらに重要なのは、竪穴建物は鎌倉に独自のものだということです。ほかに似たようなものはあるし、京都や、関東、東北一円に出てきてはいます。けれども、鎌倉で出ているようなものはなかなかありません。鎌倉の地で発生して、鎌倉の地で衰退したとしか考えられない。ほかに波及した形跡もあまりありません。

つまり、鎌倉だけに独自の「何か」がある。しかもそれが、日本列島と外の世界と繋がっているかもしれない。似たような例がいくつか出てきているわけですから、鎌倉という都市の都市文化といって差し支えないと思います。

竪穴建物は、鎌倉という都市の造り出した構築物であることはまちがいないのではないか。それが蔵なのか町屋なのかという議論もあり、私は蔵であろうと思っているのですが、確信がもてるほどには物証が残っていません。ともかく、都市的にかなり人が集まったところに、しかも限定された場所で何回も建て替えられるという造り方をしていた。これは非常に都市的な建物であって、鎌倉という都市を象徴する建物であろうと思います。

そのような意味を含めて、竪穴建物は、まだまだ追究する必要があると思っています。ちなみに、鈴木弘太さんが著書で触れられていますが、例えば朝鮮半島で似たようなものが出てきたとか、中国大陸の周辺部にも何例かあるらしいです。そういうことも含めて考えなければいけないと思っています。

長くなりましたが、午前中の話について、建築史の立場からコメントを求められている部分があったので、いくつかお答えします。

一つは、大塚紀弘さんの講演のなかで、輪蔵の話が出てきました。私も近世以降の輪蔵は何回か調査をしています。輪蔵というのは非常に特徴的な建築物です。建築史的な観点からみた重要なポイントは、輪蔵は先ほど来話をしている禅宗様の建築技術でしか造れないであろうということです。つまり、従来の和様の建築技術の延長線上では、あの構造は造りにくい。

建築の構造を説明するのは難しいのですが、大まかにいって、木材の柱を複雑に組み合わせることによって、構造的に固めることができるのが、禅宗様の一つの特徴なのです。そのような禅宗様の構造技術をもってしないと、輪蔵というのは造れないのではないか。日本に禅宗様が普及したのは鎌倉時代の後期以降です。ですから、おそらく禅宗様が入ってきたというのが一つのポイントになっていて、それが輪蔵など建築のある種の技術に応用されていったのではないかと思います。

ちなみに、ちょっと別の話をしますと、泉涌寺《せんにゅうじ》の話が出てきました。そこで禅宗様の伽藍配置が出てきたという説明をしていただきましたが、泉涌寺で建てられた建物が禅宗様であったかどうかというのは、建築史の議論になっています。最終的な結論として、あれは建築構造技術的に見て禅宗様にはなっていない、というのが今までの建築史の定説です。従って、鎌倉時代の後期にならないと禅宗様は入ってこないという説明になります。すなわち、鎌倉時代の前半には禅宗様的な伽藍配置のようなものはすでに入っているけれども、建築技術的には禅宗様は普及していなかった。そのように建築史では解釈していました。整合性があるのかないのか、判断が難しいところではあります。

それから、古田土さんの講演について。私の立場で申せば、お堂という木造の建築が、少なくとも鎌倉時代の早い時期に重要な位置を占めていたという意見は、面白いと思うし、ありうることだなと思います。

建築というのはいろいろな見方があるけれども、重視すべきはやはり外観です。仏像を安置するとか、宗教的な儀礼を行うといったことは当然あります。しかしそれ以上に、都市ないしもっと広い範囲でみたときに、建築が外の世界にもっているある種の意味が非常に重要な意味をもっている。その観点から建築を見る視点が、案外ありません。特に建築史の研究者は、技術者の延長上にありますから、「造る」という技術的なことには関心があるけれども、建築物がどのように見えるか、どのような社会的意味合いをもってくるかといったことはあまり考えない。

そういう観点に立てば、先ほど来お話ししている禅宗様、唐様という見方に通じるかと思います。禅宗様、唐様は非常に中国的な建築であった。おそらく鎌倉の仏教寺院を中心とする世界は、少なくとも鎌倉時代の後半には、非常に中国的というか、唐様の世界であった。そんな世界観が、おそらくですが、竪穴建物の外観にも意味をもたせていた可能性があります。今小路西遺跡の一連の建物でも、そういうことを含めて考えないといけません。

鎌倉というと、わりあいと静かな、伝統的な日本建築のイメージがあります。けれども実際には、中国なり外の世界に繋がった、その当時としてはきらびやかなイメージがあったのではないか。それはおそらく、鎌倉幕府が倒れた後も南北朝あたりまで受け継がれて、鎌倉という場がもっていた魅力をある時期まで伝えていたことでしょう。その後失われてしまったのが残念です。

以上のような観点を、もう少し積極的に提起することによって、鎌倉のイメージが変わってくるのではないかと思っています。

八重樫　ありがとうございました。古田土さんが言われた、寺社がある程度の目印になっていくという見解は、建築側からみても妥当でしょうか。

五味　まだはっきりとは言えません。ただお堂というのは、信貴山縁起絵巻などを見ても、宿泊場所になっているのですね。交通路上にお堂があり、そこが宿泊場所を兼ねています。ですから、目に見えるところだけでなく、もうちょっと広い意味でのお堂というものの性格を見極めてほしいなと思います。

世界遺産に選ばれなかった理由を探る――鎌倉の独自性とは――

八重樫　ありがとうございます。それでは、討論の本題に入ります。

このシンポジウムの冒頭で、「鎌倉研究の未来」として五味文彦先生に問題提起をしていただきました。今日お集まりの方々に特に関心があろうと思われるのは、レジュメにある〈2 鎌倉をめぐる文化の展開〉〈3 コンセプトとしての武家の古都・鎌倉〉〈4推薦書の作成〉〈5 行政の怠慢〉あたりではないでしょうか。

ぼく自身も平泉の世界遺産にかかわってきて思うのですが、世界遺産というのは、今までどういう取り組みをしてきたかの結果としてついてくる。世界遺産になったらやろうということではなくて、今まで何をやってきたかが評価されて、最終的に世界遺産になる。ですから鎌倉の場合は、その部分で少なからず反省点があると思います。

例えばガイダンス施設の消極的な展開であったり、遺跡保存がなかなか難しいなどいろいろありますが、行政だけの問題でないことは明らかです。遺跡保護というのは、市民の方々の協力がなくては成し得ません。平泉でもやはり、市民の方々のご協力がないと絶対にできない。ぼく自身、学生のころからかれこれ三十何年か鎌倉にかかわって思うのですけれども、やはりその部分での一体性が不足しているのではないかという気がしています。

あと研究内容についても、皆さんの報告をうかがってみても、だいぶ不足している部分があります。一九九〇年ころの研究は到達点として非常によかったと思いますが、その先に発展していかない。

最近東北で、平泉研究等々を含めて、十一世紀代の研究がかなり進んできています。そのなかで、平泉というものが何かということを、先ほども論じられていました。十世紀、十一世紀にあった国からの出先機関が衰退していくと、その権威を使って武士たちが好き勝手を始めた。平泉は、その最終的な延長線上にあります。ですから、平泉というのは、京都的な部分もかなりもっていますが、「自分たちは東北の武士の親分だ」という意識を絶対に忘れていない。これを忘れると、おそらく地域を支配できなくなるでしょう。そういった意味では、鎌倉にも似たような部分があるだろうと思うのです。あまり京都化されていくと難しい問題が起きるということで、頼朝もなかなか京都には行かない。やはり東国武士、東国のなかでの鎌倉という位置づけが、非常に重要なのだろうと感じています。

このような、京都とのかかわりであったり、在地であったりという二面性を、うまく保持していただろうことを、もう少し評価できればと考えます。

今私が話したようなことが、永田さんへの質問としてきています。静岡県伊豆の国市の池谷初恵さんからです。かわらけ編年を先人の方々がやってきたけれど時期決定がまだきちんとしたものになっていないと永田さんが報告のなかでおっしゃっていたが、それは鎌倉市として、またその担当者として解決していくべき問題ではないのかという質問です。その点はいかがですか。

永田　土器編年についてということですが、昨日の発表でも申し上げたとおり、何十年も土器編年の研究がされていながら統一した見解ができていないのは問題だと思っています。ただ、表で示したように、どのような土器があって、形式がどう変化していくかという順番はすでにできています。あとは今後、年代をどう付与するかにかかってきます。

では、どのように進めていくか。まずは今できている順に、ある程度下限・上限のわかる実年代資料を伴うものを当てはめていく必要があります。これまでに編年をされている方々も、ここは実年代で下限としてわかるのではないか、というものをいくつか出しているところがあります。それら実物を見ながら再度検証し、本当にそれでいいのかを確認する。さらに、考古学的な編年の方法として、一括廃棄されているかわらけだけでなく、かわらけ等と一括で廃棄されている陶器や中国産の磁器の編年も合わせて、全体でのセット関係を見ることで解決していくのではないか。陶磁器が全国から集まる大消費地である鎌倉だからこそ、このやり方が可能になるかと思います。実際にできるかどうかは、やってみないとわからない部分もありますが、見通しとしてはこのようにして編年を確立できればいいなと思っています。

その場合、一括廃棄の純粋な資料が重要になってきます。一次資料をどのようにとらえるかは、実際の発掘調査の段階での調査者の意識にもかかわってきます。鎌倉市の立場とすれば、まずは研究の下地となる発掘調査の時点で、きちんと調査できるように時間と人員を配置するように、体制を整えていくことが重要かと思います。

八重樫　ありがとうございます。どれもとても必要なことと思います。いずれ永田さんが頑張ってやっていくという意気込みだととらえてよろしいですか。(拍手) みんな応援しています。その際には、ここにもいらっしゃるベテランの皆さん方は、いわゆる老害にならないように、うまくバックアップしていただきたい。実際問題としてやりにくい部分があると思うので、フォローアップをぜひお願いします。

古田土　かわらけについては、今後も鎌倉では引き続きやっていかなくてはいけません。私もバックアップします。そのなかで、やはり形式だけでなくて、最近注目されているナデなどの工房差、もしくはそれに伴う職人の技術差、もしくは粘土の採掘場所、そういったものも含めて、研究そのものをさらに発展させていくことが大事だと考えています。

八重樫　地元鎌倉にいる人たちがそういうことを進めていかないと、最終的に世界遺産にたどり着くのはかなり大変だろうという気がします。五味先生、今のことに対して何か一言ありませんか。

五味　私も、やはり内部にいるとやりにくいだろうとは思います。もうそろそろ若い人がどんどん出てこなければいけない。これだけの豊かな資料があるのに、若い人が縮こまっているようでは困ります。もちろん老害という問題はありますけれども（笑）、ベテランの方々ももう一度自分の見解を見直して、本当にこれでよかったのかと徹底的に考え直してもらいたいと思います。

私にしても、長年研究していると、かつての自分の発言に規制されてしまいますね。ですから、それを取り払うためにはどうすればいいかと絶えず考えています。発掘している方々も、もう一度、自分がやってきたものは何なのかと、きちんと見てほしいと思います。

鎌倉が世界遺産に落ちた理由として、一つには行政の怠慢がありますが、もう一つは、市民が評価された。鎌倉市民への評価が低かったのではないかとも思います。行政を支えているのは市民なので、「市民がしっかりしていなかったのではないか」と思われても仕方ないと思いますね。もちろん、われわれ鎌倉研究をする人間も、もっとシビアにいろいろな発言をすべきだった。後ほどまた述べますが、やはりその点は非常に大事だろうと思います。

八重樫　五味先生にもう一点うかがいます。平泉や京都の世界との関連で、鎌倉の独自性をあげられています。その点の評価についてはいかがでしょうか。

五味　鎌倉政権というのは、東国の世界のなかから生まれているわけです。ですから東国の世界と鎌倉の世界というのは、いったいどういう意味をもっているのか。それをしっかりやらなければならないでしょう。

先ほどの大塚紀弘さんのお話にもありましたが、鎌倉後期くらいになると、京都とは違って、中国から渡ってきた渡来系の人々が担い手になっている。非常に柔軟であると同時に、混沌としたものにもなっています。そういういろいろな意味合いが、まさに日本の社会の縮図のようですね。鎌倉新仏教と呼ばれる新しい流れが現在の仏教の主流になっているのは、この時代に作られたものが、われわれ日本人の体の内に染みついて、今に生きています。そういう部分をもう一度とらえ直す必要があるのではないかと思います。

八重樫　ありがとうございます。今日に繋がる独自性のようなものも今後の研究対象としてやっていくべきだと。その先にはもしかしたら、先ほど玉井先生が話された方形竪穴の問題なども解ける鍵が潜んでいる可能性もあります。やはり独自性という部分をきちんと評価し直さないと、鎌倉とは何かというのは見えてこないかもしれません。

「武家の古都」と物証の乏しさ

高橋　これまで考古学の分野に議論が集中していますが、決して文献史学が安穏としていられるわけではありません。今回の世界遺産の話に引きつけても、要するに全ての立場の人の当事者意識が非常に薄かったということが背景にあると思っています。

文献での鎌倉研究はそこそこあります。けれども、それぞれが説得力のある研究成果を蓄積できているかどうか、今一度立ち返って、未来に繋げないといけないと思います。ここでは特に、秋山哲雄さんが都市史の方面からご報告されましたので、そこを突破口にして、これから歩んでいくところを探っていきたいと思います。

秋山さんに対しては、玉林美男さんから質問がきています。「鎌倉を城塞都市として高く評価する論調はトーンダウンしてきていると秋山さんが提起されていた。世界遺産登録の準備の段階では、山稜部の調査も行われていて、それなりの成果があがっている。それについてはどうとらえるのか」というご質問です。文献のほうの都市史から城塞都市をどう評価するのかということで、お答えいただけますか。

秋山　先ほどはかなり持って回った言い方をいたしました。「近年では鎌倉を城塞都市として高く評価する論調はトーンダウンしている」。「高く評価」するのは「トーンダウン」しているのであって、「評価する」ところは一応トーンはある、という表現を用いたわけです。

城塞的な要素がまったくないわけではない。けれども、例えばＩＣＯＭＯＳ（イコモス）がやってきたときに、「鎌倉は要害のような都市である。侍がいたのだ」と説明をしたら、彼らは、堀や土塁といった大きなものだとか、近世の城郭のようなものを想像するのではないでしょうか。鎌倉の外にいる人に「鎌倉は天然の要害である。城塞都市である」と説得するだけのものは、現在のところ成果としてはあまりないのです。文字資料にしても、「防備を固めた」とか「堀を掘って敵兵を攻撃しにくくした」と書かれた資料はありません。城塞都市というものを強調しすぎると、かえって鎌倉の本来のあり方を見失ってしまうのではないかという気がします。

高橋　ありがとうございます。世界遺産絡みで述べますと、コンセプトとしては「武家の古都・鎌倉」をあげていました。「武家の古都」ですから、明らかに都市なのだけど、都市として説明するには物証が乏しいことは、皆さんご存じのとおりです。そこでいろいろと苦労した挙げ句、このような結果になったわけです。都市という形で説明することを避けてきたことが、逆に非常にわかりにくい説明になったという側面はある。そこでコンセプトについて、ストレートに都市として説明する方向でいくのか、あきらめて別のコンセプトにいくかというのは、今後の大きな分かれ道になっていくと思います。

都市のプランに関連して、京都の山田邦和さんから秋山さんにご質問が届いています。京都と鎌倉との比較として、「都市の軸を論じる場合、実質的機能軸と象徴軸を合わせて理解すべきと考えます。若宮大路は実質的機能軸ではなくとも、やはり鎌倉の象徴軸であった。一方、京の朱雀大路も実質的機能軸ではなくて象徴軸であった。そういう観点からの両者の比較は、未だに意味をもっていると考えたく思います」とのことです。これについて秋山さんはいかがでしょうか。

秋山　おっしゃるとおりだと思います。最近の研究でも、鎌倉で方角が気にされていたことがわかってきました。東に行ったほうがいいのか西に行ったほうがいいのかと、陰陽師がいろいろと計算をするものの、人によって意見が違う。「東の方角だ」「いや東じゃなくてこれは東南だ」と意見が分かれてしまう。彼らの測量技術が不足していたわけではなくて、現在でいう東西南北と、若宮大路を子午線として考える東西南北が、ダブルスタンダードとして存在した時期があったのですね。

それが若宮大路周辺に御所が移転して以降になると、だいたい若宮大路を軸にして東西南北を考えていくようになる。『吾妻鏡』などでも表記がだいぶ統一されてくるといわれています。ですので、東西南北を考えるときに、若宮大路を象徴軸とする傾向は、特に若宮大路周辺に御所が移転して以降にはあったと思います。

ただ、その影響力の地域的な広がりがどこまであったのか。例えば和賀江島や大仏を造るときに、若宮大路の軸線が意識されているかとなると、そこまでは影響力は及ばなかったのではないか。象徴軸としては、地域限定的、時期限定的に意義があったのではないかと、私は考えています。

高橋　ありがとうございます。秋山さんにはさらに質問がきています。同じく京都の山田邦和さんから、由比ヶ浜の墓地についてです。「由比ヶ浜墓地の人骨収集には、日常的な埋葬の集積というのでは説明しきれない異常性を感じます。庶民の場合は、風葬、遺棄葬も考える必要があると思います」というご意見です。墓地の問題は都市のプランのなかでは避けてとおれない観点です。この点について秋山さん、いかがでしょう。

秋山　どちらかといえば考古の方にお答えいただきたいところですが……。死体をまとめて遺棄したような土坑もあり、それは戦乱なり流行病で大量に死人が出たため、一遍に埋めたのでしょう。一方で、丁寧に埋葬されている事例もあるので、基本的には葬送の地として日常的に機能していたと考えます。かつて、幕府滅亡のときの戦死者であるという説がセンセーショナルに伝えられたことがあるので、そのときだけではないと理解していただきたくて、このような書き方になりました。風葬なども、もちろんあったと思います。ただ、どうしても死体を片づけなければならないときには、浜に持っていってまとめて埋めたことがあったのではないかと思います。

高橋　ありがとうございます。文献史の方への質問としては難しかったかもしれませんね。

八重樫　質問用紙は古田土さんにもきています。まず神戸大学の藤田裕嗣さんからです。「最初のほうの発表は事例がたりなかったのではないか。そのあたりをもう少し話してほしい」ということです。続いて鎌倉の馬淵さんからは、「全国的な経塚造営は十三世紀半ばくらいまでしかないけれども、宝塔が出てくるのはもう少し後。その点をどう考えるか」と。また「板碑との関係はどうか」ともお尋ねです。それから京都の伊藤太さんは、「都市鎌倉の範囲を考えるうえで石仏の分布というのはどうか。また境界地点の地蔵などに関してはどうなのか」と質問されています。もう帰られるということなので、伊藤さんのご質問に最初にお答えいただければ。

古田土　まず石仏について。鎌倉には石仏はけっこう数があります。安山岩製光触寺像や安養院像のほか、きっちり年号の入った浄光明寺の網引《あみひき》地蔵（一三一三年）などです。それらが本当に境界に落ちるかというのも、いちど検証してみました。ただ、それが亀ヶ谷切通しに当たるとか、朝夷奈切通しに当たるとか確かにいろいろあったのですけれども、そのほか、凝灰岩質の軟らかい石材で彫られている石仏も少なからずあるわけです。大町釈迦堂口遺跡にあるやぐらなどにも地蔵があり、また六浦大道のそばには鼻欠け地蔵という大きな石仏が残っています。これらは風化の影響を受けていて、形式的にも判断しづらいということがあり、どの時代に造立されたかわかりません。よって中世の境界を示す資料としては弱いと考え、今回は取り上げませんでした。

次に、藤田さんのご質問ですが、時間がたりず飛ばしたところがありました。もう少し検証が必要かと思います。そのうち、「台村と小袋谷村の治水権争い」について説明させていただきます。

私がそれまで話してきたことは、鎌倉の限界です。鎌倉中といわれるような中の境界ではなく、私はもう一つ外側に、あるいは何重かの重層的な境界があったと考えています。一番外側を霊所七瀬で判断しましたが、では中はどこが境界なのか。いろいろ言われていますが、今まで使われていなかった資料があるので、ご紹介します。

近世の「かめや之せき」のところで、水を台村のものにするか小袋谷のものにするかと争いが起きました。そのときに、「かめや之せき」で回数を分けることで和解しています。その「かめや之せき」というのが、いまの亀屋不動産のあたりだろうといわれます（「寛文九年（一六六九）七月　台村・小袋谷村用水論済方扱につき為取替手形（神奈川県史六、三四四）」）。

またそこに近い位置の神社の祭礼として、現在も行われているものがあります。山ノ内の八雲神社と、山崎にある八雲神社が夫婦《めおと》の神様でして、両神社の御輿を一年に一度だけ合わせるという七夕のような儀礼です。合わせたあと、夫婦ですから一緒にさせて、周りを目隠しして置いておきます。これを合わせるのが、亀屋不動産の近くです。ここは天王屋敷と呼ばれていた場所になります。これが現在まで繋がるような、中の境界を認識させるような祭として行われているのではないのかとお伝えしたかったのです。

同じような祭として、やはり年に一度、江ノ島の八坂神社と小動《こゆるぎ》岬の小動《こゆるぎ》神社の御輿を腰越のあたりで合わせるという儀礼があります。その位置も、今の藤沢と鎌倉の市境にある魚宇という魚屋さんの前で、やはり天王屋敷と呼ばれていました。

そういう民俗史料も大事にしていく必要があるのではという話でした。

八重樫　伊藤さんからはもう一つ、大塚さんに対して、松島の頼賢《らいけん》の碑の評価についての質問があります。「松島は鎌倉の飛び地的なところではないか。松島の円福寺の発掘調査の結果を見ても、もともとは鎌倉に非常に近い。そのあたりの評価はどうか」というご質問です。

大塚　私自身、頼賢の碑は見たことがありますが、だいぶ昔のことでして……。「松島は鎌倉の飛び地的なところではないか」というご質問ですが、研究報告のところでお話ししましたように、禅宗の寺院は法流を通じて交流があります。建長寺であってもいろいろな法流の塔頭があるわけで、そうした塔頭の法流を引く僧侶が松島の円福寺に行って、建長寺に蓄積された中国の碑文文化が伝わった、そんなふうに考えています。

ただ、この頼賢碑だとか、今日お話しした空公行状碑といった石碑には、後続する作例がありません。塔銘の事例も挙げましたが、塔銘の文献として残っているのは鎌倉後期からで、むしろ南北朝期のものが多いのです。鎌倉時代のもので残っている塔銘は非常に少ない。もともと無かったのか、失われてしまったのはわかりません。ですので、失った例も考慮しながら研究しなければならないところですが、なかなか難しいなと思っています。

八重樫　伊藤さん、今のお話に対して何かおっしゃりたいことはありますか。

伊藤　日本三景は、徳川幕府の官学をやっていた林家の羅山と鵞峰が、朝鮮人に日本の国柄を説明するために編纂した『日本国事跡考』の中で初めて出てくるのです。結局日本三景は、徳川幕府の公定に近い存在だということが日本三景展のシンポジウム等々で浮かびあがってきました。厳島は王権、広い意味での政権等と深い関わりがあることが従来から知られています。天橋立も、実は足利義満とのかかわりが非常に深い名所であるという見解が、ごく最近注目されるようになってきました。松島もやはり、鎌倉幕府、ないし東国の政権そのものとの繋がりが非常に深いトポス（場所）なのではないかという思いがあって、お聞きしました。

八重樫　わかりました。ありがとうございます。では、経塚造営と宝塔のかかわりについて話を戻します。

古田土　経塚と宝塔はたしかに同じ法華経に深く関連する作善行為ですが、埋経と造塔という別の方法が採られているので、それを同一の思想に基づくものととらえてよいのかは検討が必要です。今後の課題とさせていただきます。

ただ、開きがあるというご意見に関しては、鎌倉のなかでいえば、浄光明寺敷地絵図に経塚という文字が描かれています。その場所を発掘調査した際に中身はありませんでしたが、外容器として、十四世紀前半相当の常滑の甕が出ています。よって、その時点で鎌倉に経塚の信仰があったように感じます。これで答になっているでしょうか。

八重樫　馬淵さん、よろしいですか。

馬淵　長く鎌倉で発掘調査をやっています馬淵と申します。古田土さんへの質問を説明します。鎌倉における記録上の最後の納経といいますか、経塚造営は、寛元三年（一二四五）の、将軍藤原頼経が如法華経十種を「永福寺奥山」に奉納した、という記事です（『吾妻鏡』同年十月十二日条）。宝塔が出てくるのは大体半世紀後になりますね。仏教的作善としての造塔が盛んになるのも、関東においては鎌倉末期です。記録だけとはいえ、その間半世紀以上あるわけですね。ちょっとこれは長すぎるのではないか。その間作善行が行われなかったとは考えられないので、だとすれば一体何によって仏への帰依を表していたのか、というのが私の疑問です。以前に私は、板碑が納経に代わる作善だと書いたことがありましたが、古田土さんのお考えを聞かせてください。

古田土　作善行為という意味では仏像を造ることもそうでしょうし、板碑もこれに含まれると思います。鎌倉のなかで経塚と判断できるものは、今のところ浄光明寺敷地絵図のなかと、あと永福地の経塚だけですが、私はこれで全部とは考えていません。鎌倉では現在も寺院が山を守っていて、山にある景勝地というか、街道沿いのよく見える場所、あるいは山頂などを調査した事例がまったくありません。そういうところを掘れば、もしかしたら出るかもしれないと考えています。

八重樫　ありがとうございました。

これからの鎌倉研究の課題とは

高橋　現状をいろいろと分析しつつ、未来のことも少し考えて、これから展望を探っていきたいと思います。

中世鎌倉の研究を概観した場合、武家政権の発祥の地という定義が非常に大きな意味をもちますが、その発祥の時期については、十二世紀から十三世紀初めの研究成果が意外に薄く、十三世紀中ころから十四世紀に集中している感があります。学問分野によって多少違いがあるにしても、中世全体を通した場合、今後の研究分野としてどのあたりを強化していかないといけないのか。今のところ比較的研究が薄いところはどこかという認識と、それをどう克服していくかという方法論について、皆さんにお考えをうかがいたいと思います。まず西岡さんからお願いします。

西岡　古田土さんのご報告の際に使われた図を拝見して、鎌倉というのは津波に弱そうな都市だという印象を強く抱きました。今回のシンポジウムでは話題は出ませんでしたが、津波災害などをもう少し考える必要があるかなと。今なぜ史料がないのか、材料がないのかというところに、何かそういうファクターがあったのではないかという想定が必要ではないかと思いました。

この間、高橋一樹さんが『歴史評論』という雑誌（二〇一三年八月号）で、鎌倉の津波の話をお書きになりました。三浦の城ヶ島の薬師如来十二神将の勧進の史料は私が掘り出したものですが、それがどうも永仁元年（一二九三）の大津波の直後の話であると。だから津波の被害を受けたための再興であろう。あのころ、鎌倉周辺で続々と勧進が行われているというのは、そういうことではないかと。指摘されて初めて私も、史料がそのように結びつくのだと気がついたわけです。

もう少し後の時代には、明応（一四九二〜一五〇一）の大津波があります。これもあまりに史料が少なく、何かないかと思いまして、史料編纂所にあります玉隠英璵《ぎょくいんえいよ》の文明明応年間の詩文集（『関東禅林詩文等抄録』）を当たってみました。この文集には鎌倉にとって大事な史料が詰まっているのに、きちんとした全体の翻刻がないのです。内容を見ますと、津波を経験した人たちのはずなのに、津波被害には言及されていません。玉隠英璵自身がそのときにどういう立場で鎌倉にいたのかわかりませんが、やりとりした手紙に「最近の天地の大変でガラッと変わってしまった」みたいな一言があるくらいでした。

先ほどの石塔、経塚の話などでも、大津波がくる直前に鎌倉の平場《ひらば》で大規模な一字一石経塚を造ったときの勧進帳があったりします。まだまだそういう史料を掘り起こしていく必要があるでしょう。

時期区分が単に人為的なものではなくて、何らかの自然現象によるものかどうか。鎌倉の、いわゆる口頭伝承的なものの断絶とか、史料のないことの背景を、もうちょっと見直さないといけないのではないかと、最近思っているところです。

高橋　ありがとうございます。時期区分でいうと、世紀ごとに濃い・薄いがあるように感じます。文献の分野でいえば、例えば十五世紀ころは割合手薄かなと思います。ご報告のなかでも時期区分に触れられた古川さんは、その点についていかがでしょうか。

古川　よくわかりませんが、たぶん文献的にも手薄ではないかと思います。ただ、先ほど古田土さんとも話しをしたのですが、十五世紀に小型の石造物などがたくさん出てきたり、また覚園寺をはじめとする建物が鎌倉府の調子のいいとき（応永年間・十五世紀初頭）に復興するということがたくさんあります。文献だけではなかなかできないかもしれませんけれども、十五世紀前半くらいの鎌倉の盛り上がりと、その後鎌倉府が衰退していくところの研究がもう少し深まれば、鎌倉幕府崩壊後の連続性に着目できるのではないかと思っています。

話は変わりますが、先ほどの松島の頼賢碑の話に関連して。東日本大震災で津波被害が大きかった石巻の北のほう、北上川河口の海蔵庵にたくさんの板碑があります。その板碑に、たしか前住建長大通禅師というお坊さんの名前があって、昨年当館で世界遺産の企画展を催したときに、その拓本を展示しました。東北学院大学の七海雅人さんに教えてもらって、その板碑が流されてないかどうか確認に行ったのですが、とても板碑の拓本がとれる状況ではなかったので、郷土史の先生から板碑の拓本をお借りしたのです。

そのようなことで、今後の研究のためには、郷土史研究家や在野の方が集めた史料について、もう一度見直すくらいの余裕があってもいいかなという気がします。限られた文献の先を広げるために、漏れたところをもう一度見直す作業をしたほうがいいということです。

高橋　ありがとうございます。史料を広げるという点で、今回ほぼアウェイのなかで頑張ってくださった美術史の内藤さんにおうかがいします。今回のご報告は、水月観音《すいげつかんのん》という像容をフィルターにして鎌倉の独自性を浮かび上がらせるという、非常にわかりやすい内容でした。美術史のほうから、もっとこういう史料も見たらといった提言がありましたら、ぜひわれわれのためにもレクチャーかたがたお教えください。

内藤　報告でも申し上げましたが、海外のものを見る研究者というのは、国対国で考える意識が強いのです。鎌倉というピンポイントの視点は、どうしても抜け落ちる部分があります。鎌倉のこともわかり、かつ海外の作品にも精通しているという、両方がわかる研究者がこれからは必要とされてくるのかなと。大変なことではありますが、将来的にはそういった人材が望まれると思います。

先ほど高橋先生が言われた研究の薄い部分、厚い部分で言いますと、仏教美術史というのはどうしても尚古趣味というか、古い作品ほど価値があり、中世も後半期、あるいは近世のものになると、なかなか顧みられることがないといった実態がございます。鎌倉の仏教彫刻には、十五世紀、十六世紀のものに、特に作品としていいものがたくさんあります。それらをしっかり位置づけし、整理して、私もいま奉職しています鎌倉国宝館等でもご紹介するような機会を作らせていただいて、研究に資することができればと考えています。

高橋　ありがとうございます。同じく研究の薄い・厚い、もしくは事例の多い・少ないという点では、考古学でも同じような傾向があるかと思います。そういったものをどう認識し、どう克服していくかは、学問分野にかかわらず等しくわれわれの前にあります。永田さん、考古学のほうではその点をどうお考えでしょうか。

永田　薄い・厚いでいえば、鎌倉では、考古資料として一番多く出土するのが、十三世紀、十四世紀のものです。報告で述べたとおり、出土遺物・遺構が最も多いその時代のイメージで鎌倉の都市が語られてきた傾向が非常に強いと思います。ですので、今後は、それ以前とそれ以降も見ていく必要があります。現段階として可能性があるのは、十五世紀以降の部分であると思います。

というのは、地区でいえば浄明寺のあたりや扇ガ谷《おうぎがやつ》のあたりを発掘調査すると、十三世紀、十四世紀の遺物が数多く出土しますが、それより新しい時代のものについても、実はかなり出てくるわけです。これまで十三世紀、十四世紀が中心に考えてこられて、十五世紀というのは、遺物が出てくるとは認識していても、それを中心として研究しようという動きが主流にはならなかった。もちろん研究されている方はいるのですけれども。

私も以前は勘違いしていた面があります。十三世紀、十四世紀で鎌倉幕府が滅亡すると、鎌倉の都市もだんだん衰退していくのだ、という認識でした。けれども、実際に出土するものを見ると、生活の痕跡があって、やはり人は住んでいる。またそれ以降も、浜地の利用が続いていたり、寺院も当然発展して続いていくわけで、完全に衰退するという考え方は誤りです。確かに一番栄えていた時代よりは人口も少なくなるでしょうが、完全に衰退するという考え方をするのではなくて、鎌倉としては続いていく。そのように考えていったほうがいいのではないかと思います。

それには、考古学的な部分から、十五世紀以降の出土品を、「出ている」と認識するだけではなくて、それを歴史のなかにどう位置づけていくかということ。編年研究もそうですし、出土状況など具体的な考古学的な見方で見ていくことも、今後の鎌倉で必要ではないかと考えています。

高橋　ありがとうございます。それでは、フロアから発言したい方があったら挙手をお願いします。では藤田さん、お願いします。

藤田　先ほど古田土さんに質問しましたが、お答えいただいた内容ではまだ不足しています。というのは、台村や小袋谷村の用水に関して「資料一」をお使いになった話と、八雲神社の出合いの儀の話は、結びついていないと私は思いました。

　質問の意図は、「せき」の場所がどこかわからないので、地図に落としてください、という点にあります。台村に対する谷村《やむら》で、谷《や》というのは谷《たに》ですから、地形上、高低差を利用して用水を引いたのだと思うのです。その引いた場所が「せき」ではないでしょうか。小袋谷村内にあるが、地形の高いところにある台村がつくったので、台村こそが大きな権益をもっている。私が考えるに、だから四分の三と四分の一だという話なのです。地形との関係もあるのではないか、ということです。

　この話と、出合いの儀とは、意味が違う。「せき」自体は、境界ではないと私は思ったのです。

古田土　自分がお伝えしたかったのは、道に関連したお話です。新田義貞が攻めてくる際、巨福呂《こぶくろ》坂を攻めた部隊がどこを通るのかと想定した場合に、出合いの儀となる場所に向かって山崎の御輿が通るルートが考えられます。そして神輿が出合う場所が、天王屋敷という、どちらにも属さないというか、一つの独立した場として設定されている。そこが境界の意味をもつのかなと考えました。

さらに史料には「せき」という名前が出てきます。水場としての堰、「堰を切る」の堰だと思います。いろいろな境がいくつも提示されているなかで、この「せき」というものも、ある意味使えはしないかと思ったわけです。

藤田　確かに境界の可能性は考えられますが、どこかで切らないと用水は引けない。だから地形がポイントではないか、と考えました。用水を引くために切ったという話だったら、出合いの儀とは関係ないと思います。地図の上に落とすのは、地理学の重要な研究手法であり、地図上の位置を把握して初めて、地形環境も判明し、用水と堰、境界（出合いの儀）との関係も判断できる。そのような問題意識のもと、質問をしたのです。

古田土　参考にさせていただきます。

求められる鎌倉の発信力

八重樫　時間が近づいてきました。では馬淵さん、手短かにお願いします。

馬淵　五味先生と秋山さんの鎌倉の時期区分で、五味先生は「十年ごとはできないか」

とおっしゃっていたけれども、遺物で十年単位の変化を設定するのは極めて難しい。ただし、大きな形態変化があるとすれば、その要因をある時点の大きな経済・政治の動静のなかに求めることは可能です。

さて、常に疑問に思っているのは、考古の人も文献の人も、鎌倉の歴史を語るときに、なぜ鎌倉時代に限るのか、ということです。鎌倉というのは、古代以来というか、実は大化の改新以来の集落構造があって——本当を言えば弥生時代に始まっているのですが——、一一八〇年に鶴岡八幡宮と若宮大路がポンと置かれる。つまり、大きく言えばたったそれだけの違いなのです。この二つの大きな施設を取り払うと、古代の鎌倉の姿が見えてくる。にもかかわらず、文献の人も考古の人も、いやほとんどの人にとって、古代は遠い遠い時代であって、霧の向こうにぼんやりとある。鎌倉時代との断絶が皆さんの頭に焼き付いている。鎌倉時代までは親しい時代として語るのに、古代は完全に断絶しているのです。

そうではありません。当たり前のことを言いますが、古代と中世の間に断絶はないのです。八幡宮と若宮大路を取っ払えば、見えるのは南の海岸近くと北の山際を通る二本の東西街道、およびそれをつなぐ南北の道です。南側の東西街道は大化の改新後に置かれた初期東海道であり、北の山際のそれは東京湾側の六浦津との往還の道で、これはどんなに遅くとも十一世紀半ばころにはあったと考えていいでしょう。

さて、十世紀の前半くらいに古代の政治構造が全国的に崩壊してくると、その後の十世紀後半に武士が出てきます。鎌倉に本格的に武士が入るのは十一世紀前半の平直方です。房総の平忠常の乱を平定しにくるのですね。平定がうまくいかなかった直方に代わって鎌倉にやってくるのが源頼信、頼義の親子で、彼らは忠常を簡単にやっつけてこの地に根づきます。これは、群盗の蜂起を平定して坂東諸国の国衙軍制に食い込んでいった高望王や藤原秀郷、藤原利仁などと同様のあり方ですが、ともかく頼義の子八幡太郎義家、十二世紀中葉の義朝の改造——亀ヶ谷の切通しを開いたり、ですね——を経て鎌倉時代を迎えるのだ、というのが私の感覚です。要するに、鎌倉時代まで古代的系譜はずっと続いているのです。鎌倉の集落構造を考えるにあたって、古代のかたちを抜きにして考えると、大きな欠落が生じます。あらためて言いますが、古代からの継続性を重視して考えていただきたい。

では、古代の遺跡はたくさん出ているけれども、お前の言う中世初期の十一世紀、十二世紀の史料はどこにあるのだ、考古学的にどこにあるのだ、ということになります。私は、丹念に拾っていけば、そんなに少なくはないと思っています。おそらく、私たちが見ている地山《じやま》上の遺構のなかにあります。実際に私は、それを抽出した論文を書いたことも何度かあります。

地山というのは、そこから下は太古の地層であって、遺跡はないという前提の土ですが、地山に掘りこまれた、私たちが見ている柱の穴とか溝のなかに、必ず鎌倉時代以前のものが含まれている。それは、本当に丹念に観察していけば見つけられます。根気のいる作業ですが、私たちに課せられた課題です。

前提として、とにかく断絶を想定するのではなくて、継続性を想定すること。十一世紀後半の史料は関東全体でもなかなかないですけれども、十一世紀後半から十二世紀といったあたりの史料を見つけて、それを鎌倉史に年代的な変遷として組み込むことが必要だと思うのです。

八重樫　まさしくそのとおりだと思います。最近東北でも十一世紀ころの土地がけっこう見つかってきています。東北もしくは東国にも、十一世紀には有名な武将がたくさんいるわけですから、そこからの継続は当然必要だろうと思います。五味先生はこの点はいかがですか。

五味　もちろんそのとおりです。一一八〇年は鎌倉政権の一つの画期ですから、ぼくはそこから始めていますけれども、鎌倉は一一八〇年より前からあります。

その意味で必要となるのは、鎌倉の通史ですね。応永年間とか江戸時代も、そして現代までかかわるような、鎌倉自体の通史というものをしっかりやらないといけない。野村総研の跡地が寄付されたときに、博物館の開館に向けてかかわらせてもらったのですけれども、それが見事につぶれてしまいました。そのようなことではいけないのです。

昨年、古田さんの仕掛けで、神奈川県立金沢文庫、鎌倉国宝館、神奈川県立歴史博物館の三館共同で世界遺産の展覧会を開催しました。そのときに気づいたのですが、今までの世界遺産を巡る活動や鎌倉研究のなかで一番弱いのは、鎌倉からの発信力がたりないということです。「鎌倉はこうだ」と伝える発信力、表現力がないのですね。

表現するために何が重要かというと、一つは展示施設、すなわち博物館。自分たちの資産を形でもって表現することが必要であろうと、三館共同企画にも盛りながらやっていたのですけれども、意外に来訪者が少ない。もっとたくさん来ると思ったのに少なかった。これはやはり、支えている市民の知的レベルが低下してきているのではないかというふうに思います。こんなことを言うと、また「言い過ぎだ」と指摘されるかもしれないけれども。

私は六月から横浜のふるさと歴史財団の理事長になりました。横浜の歴史系五館をいわば運営する立場になったのですが、いろいろと探してみたら、やはり表現力とか発信力がたりないのですね。自分の研究だけをやっていればいい、ということではいけません。自分の対象の時代だけではなく、外に踏み出していきながら表現する。表現すると、市民も応えてくれる。応えてくれるから、さらにもっと表現しよう、ということになるかと思うのです。ですからやはり、鎌倉のなかに、鎌倉を知るためのガイダンス施設、展示施設が必要です。そこでよい学芸員が育てば、学芸員は常に市民の目に晒されるので、さらに頑張るでしょう。そのような好循環を育まなければいけないのです。

皆さんに認めていただけるならば、鎌倉の歴史史料や通史的なものを展示するガイダンス施設を早期に実現するよう、この大会でアピール文書を作って鎌倉市に突きつけたいと思いますが、いかがでしょうか。（拍手）どうもありがとうございます。

ちょうど前回の大会もここで開催しまして、やはり何がしかのアピールを出させていただきました。でも今回の大会開催にあたっても、基本的に全部こちらもちでした。今までに永福寺や極楽寺のシンポジウムとかいくつか開催していますが、科学研究費を使ってやってきたのです。鎌倉市は、会場である鎌倉女子大とちょっと掛け合ってくれた、そのくらいのことです。財源不足もあるのでしょうが、財源不足なら知恵を出せ、ということですね。あらゆるものを動員していかなければいけません。知的な財産というものは、将来に受け渡すべき大きな資産、財産ですから。

今回ご報告いただいた美術史をはじめさまざまな分野について、今まで知らなかったこともあろうかと思います。それらを全体像として、一つの本にまとめたかったのですけれども、打診をしても「私は書きませんよ」と言われて。特に考古学者がダメなのです。ですから、これからさらに企画していきます。鎌倉の総目録のようなものをぜひ出して、財産として繋げていく。それをしっかりやっていけば、知的な財産となります。そうなれば世界遺産に登録されなくともいいんです。

こういうものを書いてくれとお願いしたときには、これからは拒否せずに、ぜひ書いていただきたい。いろいろなかたちで、総力を挙げて、鎌倉というものを評価して、未来に繋げていくようお願いいたします。

結論めいたことを話してしまいましたが、二日間にわたりましてどうもありがとうございました。（拍手）次の機会は、おそらくわれわれのアピールに基づいて早急に実現してくれると思います。ガイダンス施設なども造っていただきたいと思います。そういう文化溢れる、力づけてくれるものということで、今日の会議を締めたいと思います。

高橋　どうもありがとうございました。われわれ研究者としましては、内輪の飲み会での威勢のいい話だけで終わるのではなくて、きちんと論文を書く。文章を書くことが大事なことなのだということを肝に銘じて、頑張っていきたいと思います。

二日間にわたるシンポジウムにあたり、皆さんご協力をいただきありがとうございました。以上をもちまして閉会といたします。

あとがきにかえて

中世都市研究会の過去と未来

中世都市研究会も早いもので、誕生した一九九三年の第一回大会から、すでに二十年におよんでいますが、会発足のきっかけは、『中世都市研究』一号の「都市空間」号において網野善彦氏が語っているように、その前年六月に鎌倉で開催されたシンポジウム「中世都市の成立と展開」の後の話し合いによるものでした。

この時期に各地で同様の会、すなわち考古学や文献史学など諸学が共同で都市のあり方を考える会が多くなっているので、この際、エネルギーの無駄を省くと同時に、成果を共有する場として中世都市研究会という恒常的な会を立ち上げてはどうかという話が出て、多くの賛同を経て生まれたのでした。そこには一九八〇年代から本格的に始まった都市研究の熱気が満ちていました。

代表に網野善彦、石井進、大三輪龍彦の三氏が選ばれ、世話人会を設けて運営がなされる体制が整い、早速、翌年に西宮市の大手前大学で第一回大会が開かれました。その後の足取りをご覧ください。

1 都市空間（一九九三年　西宮市　大手前女子大学）
2 古代から中世へ（一九九四年　仙台市　仙台市博物館）
3 津・泊・宿（一九九五年　福山市　広島県立歴史博物館）
4 都市と宗教（一九九六年　福岡市　福岡市博物館）
5 都市をつくる（一九九七年　福井市　福井市民福祉会館）
6 都市研究の方法（一九九八年　横浜市　神奈川大学）
7 都市の求心力――城・館・寺――（一九九九年 山形市　山形県生涯学習センター）
8 都市と職能民（二〇〇〇年　石和町　帝京大学山梨文化財研究所）
9 南蛮都市・豊後府内――都市と交易――（二〇〇一年　大分市　大分市コンパルホール）
10 政権都市（二〇〇二年　横浜市　鶴見大学）
11 港湾都市と対外貿易（二〇〇三年　福岡市　九州大学）
12 交流・物流・越境（二〇〇四年　鎌倉市　鎌倉女子大学）
13 中世のなかの「京都」（二〇〇五年　京都市　花園大学）
14 都市をつなぐ（二〇〇六年　津市　津リージョンプラザ）
15 開発と災害（二〇〇七年　東京　東京大学）
16 都市を比較する（二〇〇八年　東京　東京大学）

17　都市を区切る（二〇〇九年　東京　青山学院大学）
18　都市のかたち――権力と領域――（二〇一〇年　平泉町　ホテル武蔵坊）
19　「都市的な場」（二〇一一年　横浜市　鶴見大学）
20　中世都市から城下町へ（二〇一二年　大阪市　大阪歴史博物館）
21　鎌倉研究の未来（二〇一三年　鎌倉市　鎌倉女子大学）

当初は日本の各地で持ち回りにより開催されてきており、テーマもその時どきの関心に沿って立てられていましたが、ほぼ五回ごとに新たな展開があったように記憶しています。第六回の「都市研究の方法」は今後の研究はどう行えばよいのかの模索に入った時期の会であったかと思います。思い起こせば、この会にあたって、私は石井進氏から報告の依頼を受けて、そのようなことを聞かされたのでした。出不精の私にとっては初めて会への出席だったのです。

やがて網野・石井両氏の突然の逝去という事態が生じ、第十回の「政権都市」の大会後に大三輪氏から代表就任を依頼されまして、とても私一人では任が重く、会に当初から参加していた考古学の小野政敏氏、建築史の玉井哲雄氏にも代表になっていただき、今に続く体制が生まれ、十五回の大会あたりからは、世話人会も国立歴史民俗博物館を中心とした運営から東京大学史料編纂所の高橋慎一朗氏を中心とする運営に移り、会誌の発刊も新人物往来社から山川出版社に移って、今日に至ったのです。

しかし会もさらに二十回を終えた時点で、毎年に会誌を発刊することに行き詰まりをみせるようになり、やむなく会誌の発刊を定期的に行うこととはせず、その代わりに毎年の大会シンポの内容は単行本として発刊することになりました。大会も、各地の団体が中心とする開催となし、それに中世都市研究会が支援するか、または共催で行うという形をとるようにしました。

その新たな出発の大会が第二一回の「鎌倉研究の未来」の大会であり、本書はその成果を収録したものです。会誌では各地の研究の最新動向が載っていたのですが、残念ながら載せることはできませんでした。ナイナイ尽くしなのでまことに代表として不甲斐ない次第ですが、この現実を見つめて、新たな研究の未来を開いてゆきたいと思っています。

二〇一四年七月八日

五味　文彦

執筆者一覧

五味　文彦　放送大学
西岡　芳文　神奈川県立金沢文庫
永田　史子　鎌倉市教育委員会
古川　元也　神奈川県立歴史博物館
秋山　哲雄　国士舘大学
大塚　紀弘　法政大学
内藤　浩之　鎌倉国宝館
古田土俊一　鎌倉考古学研究所

鎌倉研究《かまくらけんきゅう》の未来《みらい》

2014年8月5日　第1版第1刷印刷　　2014年8月15日　第1版第1刷発行

著　者　中世都市研究会
発行者　野澤伸平
発行所　株式会社 山川出版社
〒101-0047　東京都千代田区内神田1-13-13
電話　03(3293)8131(営業)　03(3293)1802(編集)
http://www.yamakawa.co.jp/
振替　00120-9-43993

企画・編集　山川図書出版株式会社
印刷所　明和印刷株式会社
製本所　株式会社ブロケード
装　幀　山崎　登
本　文　梅沢　博

ISBN978-4-634-16002-6 C0021